Carry van Bruggen

Tirol
-
Reiseimpressionen

AF190905

Carry van Bruggen

Tirol
-
Reiseimpressionen

Bibliografische Information der Deutschen Nationalbibliothek:
Die Deutsche Nationalbibliothek verzeichnet diese Publikation in der
Deutschen Nationalbibliografie; detaillierte bibliografische Daten sind
im Internet über http://dnb.dnb.de abrufbar.

© 2022 Matthias Adler-Drews (Übersetzer und Herausgeber)

Herstellung und Verlag: BoD – Books on Demand, Norderstedt

ISBN: 978-3-7568-4069-4

Karoass

Wie gerne mochte ich doch als kleines Mädchen, als ich von der Schule kam und es Herbst war und der Tag grau, aus meiner kleinen Schublade die vier Asse zum Vorschein holen, die ich für mich selbst aufbewahrt hatte, als das Kartenspiel ausrangiert wurde …

Es waren welche von diesen dunkelgrauen, schmuddeligen Bildern, zusammengesetzt aus Strichen und Streifen, und sie stellten Kurorte dar, ausländische, elegante, vornehme wie: Wiesbaden, Homburg, Spa. Unter hohen Pappeln, zwischen aufschießenden Springbrunnen, rund um die sich beängstigend aufbäumenden Reiterstandbilder bewegten sich die Herren und Damen in altmodischer Kleidung, sie trugen Gehstöcke und Sonnenschirmchen, sie wandelten an palastartigen Häusern vorbei und gingen über weite Plätze, hinter denen sich am Horizont Gebirge erhoben.

Ach, es werden alberne, törichte, schrecklich unbeholfene Bilder gewesen sein. Aber für mich waren sie lebendig, intensiv und süß, es schossen die Fontänen hinauf, rauschten die Pappeln …

Sie hatten alle den Reiz des Unbekannten und alle den Charme des Vertrauten … denn ich verweilte ja selbst dort! Jede Träumerei war eine Reise … und angesichts eines kleinen Herrn und einer kleinen Dame auf einer Bank neben einem Springbrunnen habe ich mich wiederholt gefragt, worüber sie bloß so vertieft und lebhaft sprechen mochten, sie anmutig zu ihm hinübergebeugt.

Und Freunde, schaut, das Wunder ist geschehen! Mein Ass, mein Karoass ist plötzlich lebensgroß und wahr geworden. Ich habe es bei lebendigem Leib gesehen, ich habe seine Luft eingeatmet, ich habe da mittendrin gesessen …

Und der Ort, der diese Überraschung für mich hütete, ist Innsbruck, diese schöne und fröhliche, diese stimmungsvolle und malerische Stadt am glänzenden, flinken Inn.

An einer Stadt im Tal zwischen hohen Bergen ist etwas sehr Intimes, vor allem am anbrechenden Abend. Aber das allererste Gefühl des Neuankömmlings ist Angst. Man steht auf dem Bahnhofplatz … Und sieh, wie zieht da nun von allen Seiten solch ein Unwetter heran? Diese Wolkenhaufen, sich zusammenbrauend, bleigrau? Es sind die Berge, die die Stadt umringen, die das Tal umschlingen, die den Himmel bedecken.

Lichter funkeln, hoch und einsam, an ihren düsteren Flanken: Dort haben die müden Bergsteiger ihr Lager aufgeschlagen, die sich der Nacht wegen nicht weiterwagen … Lichter funkeln, tiefer und in Grüppchen, dort liegt Hungerburg, auf einem Viertel des Weges den Berg hinauf, am Ende der breiten Maria-Theresien-Straße, Innsbrucks Flaniermeile.

Und da treiben wir mit dem Strom, in einer süßen Dämmerung, in einer angenehmen Atmosphäre von seliger Müdigkeit. Denn entlang der strahlenden, luxuriösen Geschäfte, Kinos, Cafés, Konditoreien flanieren fast nur Touristen, von einer schweren Tagestour zurückgekehrt, die Glieder matt von herrlicher Müdigkeit, die Augen sonnengesättigt, die Lungen lufterfüllt … sie flanieren, rauchen, lachen, naschen. Braun gebrannte Häupter zeigen sie über den blauleinenen Bergtourjacken. Morgen früh gehen sie wieder, morgen Abend kommen sie wieder und erfüllen mit ihrer Stimmung seliger Mattigkeit die Maria-Theresien-Straße, die helle, freundliche, an deren Ende sich die dunkle, steile Bergwand erhebt.

Aber jetzt spazieren wir durch ein Tor, nur so, auf gut Glück, und oh, das ist keine Gegenwart mehr, sondern lebendig gewordene, auferstandene Vergangenheit. Dies ist das Karoass meiner Kinderjahre und es fehlt nichts daran. Die Farben, das Grau und das Grün, ich muss sie mir unwissentlich dazugedacht haben. Es ist vollständig, es ist lebendig, es ist komplett.

Es sind die langen, niedrigen, altmodisch vornehmen Häuser, von kleinen Toren durchbrochen, flankiert von Türmchen mit leuchtend grünen Kuppeln, von Gesimsen abgedeckt, es sind die Reihen, Reihen, Reihen von geschlossenen, mit Blumen bekränzten Fenstern mit grünen Läden … es sind die starken, hohen Pappeln, die Wipfel im Raum verloren, ihre Silhouetten scharf gegen die Bergwand in der Ferne … es sind die beängstigend aufsteigenden fahlgrauen

Pferde … es ist das aufschießende, singende, plätschernde Wasser … und es ist das Halbdunkel, das typische Halbdunkel meiner alten, schmuddeligen Ass-Drucke – heißen sie nicht Kupferstiche? –, und dort steht die Bank, auf der mein kleiner Herr und meine kleine Dame saßen, sie anmutig zu ihm hinübergebeugt, in ernstem Gespräch … und die Bergwand erhebt sich im Hintergrund. Niedriger, auf einem Viertel des Weges, funkeln die Lichter von Hungerburg, Juwelen im Zirbenwald, halben Weges, und noch viel höher flackern die Lagerfeuer, aber unterhalb ist alles altgrau von Mauern und grün von Türmen und Pappeln, plätscherndes Wasser in schwachem Halbdunkel. Es ist makellos.

Aber nein, denn makellos wird es erst soeben. Musik auf der Terrasse, die zum Hofgarten gehört! Und welche Musik? Karoassmusik, Kupferstichmusik, Wespentaillenmusik. Die Musik, die in unserer Jugend unsere Großtanten summten, mit einem Lächeln voller geheimnisvoll-freudiger Erinnerung … und von der schnarrende Miniaturen in unseren Spieldöschen verborgen waren … Die Musik, von der wir später kaum glauben konnten, dass sie jemals nicht da gewesen war, so gehörte sie zu allem, was von Jugend an selbstverständlich war. »Die Hugenotten«, »Die Marmorbraut«, »Der Troubadour« … ausgeführt in Kupfer, unter dunklen Pappeln, hinter einem Tor, das die Stadt verborgen hält. Fahl schimmern die palastartigen Häuser mit ihren Reihen, Reihen, Reihen von mit Blumen bekränzten Fenstern … das unsichtbare Wasser plätschert ununterbrochen … wir sind mitten im Herzen des Karoasses, in der lebendig gewordenen Vergangenheit, die als Vergangenheit niemals so zum Leben kam.

Das einzig Moderne sind die raffinierten Rohrleitungen und weitere eisige Herrlichkeiten …

Musik

Wir sind sehr müde. Der Tag war lang, der Tag war schwül, wir sind viel gelaufen. Heute Vormittag zum Herzsee, dem dunklen Bergsee, lang gezogen zwischen hohen Bäumen, der mich mit seinem Badehaus auf Pfählen an Indonesien erinnerte. Grün und kühl lag das Wasser – das Angeln ist verboten, man züchtet dort Seelachs für die Hotels –, ich würde nicht gerne in diesem tiefen Schatten zwischen diesen dicht gedrängten, großen, kalten Tieren schwimmen wollen, aber es heißt, dass man sich daran gewöhnt.

Heute Nachmittag sind wir über Heiligwasser nach Sistrans gegangen und quer über die Wiesen voller honigsüßer Blumen vorbei an Lans und so wieder zurück. Und nun sitzen wir still an unserer kleinen Essenstafel auf der Veranda und warten auf unser Mahl – nahrhaft, einfach; wir sind in einem Alttiroler Gasthof abgestiegen und schauen nach draußen in eine Seitengasse.

Mit dieser Aussicht von meinem Platz an der Tafel bin ich schon ganz vertraut. So viele Tage bereits ruht mein Auge auf dem ovalen Marienbildnis, hoch oben auf die weiße Hauswand zwischen zwei kleinen Blumenbalkonen gemalt. Bunte Blumen und bunte Heilige gehören zur Tiroler Architektur, der Katholizismus ist eine Selbstverständlichkeit.

Die sinkende Sonne vergoldet die weiße Wand und das bunte Bildnis. Ernsthaft und weise schaut das

Kind auf dem Arm seiner Mutter. Ich werde nun an die dichten, stillen Wälder rund um Heiligwasser denken.

Heiligwasser ist ein hoch gelegener Wallfahrtsort, geradewegs den Patscherkofel hinauf. Aus allen Taldörfern schlängeln sich Pfade dorthin, quer durch den stillen, dichten Wald. Sie kommen, diese Pfade, aus Igls – dem Kurort, unserem vorübergehenden Aufenthalt –, aus Sistrans, aus Lans und aus Patsch, aus allen Richtungen winden sie sich durch die schwindeltiefe Stille im goldbraunen Dämmerlicht zwischen den glatten Stämmen zur weißen Kapelle beim heiligen Brunnen. Und entlang jedes dieser Pfade zeigt sich ein Kreuzweg mit all seinen Stationen und seinen Unwägbarkeiten.

In gewissen Abständen erhebt sich da aus dem fahlbraunen Boden, erhebt sich zwischen den aufrechten, dunklen Baumstämmen, erhebt sich in der urwüchsigen Stille ein hölzerner Pfahl mit einem roh in Rahmen und Glas gefassten Bild: Da ist Christus vor Pilatus, da ist Christus, der Abschied nimmt, da ist der sein Kreuz tragende Christus, da ist die Geißelung, da ist die Kreuzigung, die Grablegung … alles, was sich von Geburt bis Auferstehung zuträgt.

Auf nichts und niemanden trifft man in den großen, stillen, tiefen Wäldern; dann, entlang aller Pfade, immer wieder dasselbe Leidensgesicht, immer wieder dieselben Abbildungen derselben Ereignisse. Zwischen den glatten grauen, hoch aufragenden Baumstämmen kreuzen die Leidenswege einander, Quellen fließen an ihnen entlang, kleine Wasserfälle plätschern in der Ferne und es scheint an das ganze Leben keine andere Erinnerung als diese eine geblieben zu sein.

Daher will ich nun so gerne an diese Wälder denken, während ich auf der von der Sonne vergoldeten Wand das Kind anschaue, ernsthaft und weise in einem bunten Bildnis.

Aber ich bin so müde und es ist so schwül, ich wollte alles viel schärfer empfinden, viel intensiver erleben. Dies sind die Augenblicke, in denen die Hände vergeblich nach dem Kern des Lebens tasten, in denen die Seele schlaff und machtlos liegt.

Da ist eine Eintönigkeit, trüb stehen die Bäume, starr sind die Konturen, leer und schwer die Atmosphäre.

Ach … was will der alte Kauz mit seinem weißen Bart? Er ist kein Herr und er ist kein Bauer, er kommt nicht als Gast und nicht als Bettler, das lässt sich sogleich erraten. An einem ungedeckten Tischlein setzt er sich nieder … es ist ein reisender Musikant. Da hat er seine Zither bereits vor sich liegen, da erklingen schon die silbernen Töne …

Und schau, alles ist plötzlich anders geworden. Als würde ein beschlagenes Fenster sauber gewischt, als lichtete sich ein matter Nebel. Solch schlichte, solch bebende Töne, so eine ganz unschuldige Zillertaler Weise … solch einfaches silbernes Erklingen … und in einem Zug richtet sich die Seele hoch auf, die Müdigkeit entflieht. Es tschilpt ein Vogel, der war soeben nicht da. Bis hoch in die Berge rauschen plötzlich die Bäume, sie mischen willentlich ihr Gewisper unter die silberne Melodie. Lebendiger als soeben ist das Licht, Konturen finden ihre Geschmeidigkeit wieder.

Wonach ich gerade noch tastete, es ist mir plötzlich nahe: die Erinnerung an den dunklen Wald, in dem versunken nun einsam in anbrechender Nacht die Kreuzwege liegen, entlang der verborgenen Pfade, wo kein Mensch mehr geht, der das bleiche Bild anschaut.

Musik, Musik … ist diese kleine Zillertaler Weise froh oder ist sie traurig?

Weder froh noch traurig, sondern alles zusammen, zugleich Freude und intensives Erlebnis auslösend.

Und wie so oft muss ich mich wieder an die zwei Zeilen aus van Eedens Lied vom Schein und Wesen erinnern:

Doch wer kennt Worte, so wesenseigen,

Musik, sie wird der Sprachen Wunder zeigen.

Die Schlacht bei Bergisel

Es ist Sonntag und es regnet, es regnet schon seit dem frühen Morgen. Lass niemals wieder jemanden zu mir über die holländischen Regentage sprechen – in Tirol fühlt man sich zum Amphibium, in Bayern zum Wassertier geworden!

Gerade sind wir nach Hause gekommen, »durchgeweicht wie eine Kinderwindel«, um es mit dem Schullehrer zu sagen. Wir waren mit dem Rucksack aufgebrochen, hatten nahe bei der Stadt einen idealen Picknickplatz gefunden und gerade, als alles für die Mahlzeit ausgebreitet war, ging es los. Retten, was zu retten war, und im Trab zur nächsten Straßenbahn.

Aber was wahr ist, muss berichtet werden: Es wird hier auch jedes Mal und erstaunlich schnell wieder gut. Schau, es scheint schon blau am Himmel, wiewohl der Meraner Platz noch einer Seenplatte gleich ist … Sollen wir in Regenjacken am Inn entlangspazieren gehen?

Ich kann nicht genug vom Inn bekommen, immer wieder zieht es mich zu diesem lebendigen Wasser hin. Wie das wühlt, glitzert, silberhell und grün und grau, sich breit erstreckend zwischen glühend grasbewachsenen Ufern! Schon sehr seltsam für das holländische Auge; ein vollkommen unbefahrener Fluss! Kein Segel, keine Jolle, kein fröhliches Beurtschiff, kein flinkes Motorboot, bloß das Wasser, der Donau entgegeneilend, als gelte es, eine Verabredung einzuhalten, sich gemeinsam ins Schwarze Meer zu stürzen.

Da regnet es nun schon wieder, aber wir sollten uns das Riesenrundgemälde ansehen gehen können. Wir sind ganz in der Nähe und es heißt, es sei das gewaltigste und schönste auf der Welt und es muss mit einem Preis ausgezeichnet worden sein, einstmals auf der ein oder anderen Ausstellung, und die Stadt selbst betreibt es und man sieht dort …

Ja, was man dort sieht, das wissen Sie natürlich, lieber Leser, ansonsten flugs das Schulgeld zurückgezahlt! Wir sind doch in der Stadt, im Land von Andreas Hofer! Alles steht im Zeichen von Andreas Hofer und man kann weder nach Igls noch nach Fulpmes gehen, ohne sein bärtiges Heldengesicht anzuschauen. Denn wo nun der Ausgangspunkt der Bergbahnen ist, Bergisel, da fand dereinst diese glorreiche Feldschlacht statt und da steht deshalb jene Gedenkstätte …

Doch eine kleine Gedächtnisauffrischung nötig? Nun, er war der große Franktireur, der mit seinen Leuten, Tiroler Bauern wie er, 1809 Napoleon widerstand und der besiegt und standrechtlich erschossen wurde … Aber fassen wir uns kurz: Er tat exakt dasselbe, was seine jubelnde Nachkommenschaft 1914 bei den Belgiern so schändlich fand.

Es ist seltsam, muss ich plötzlich denken, während wir, nachdem wir unsere Schillinge geopfert haben, die hölzerne Treppe hinaufsteigen – es ist seltsam,

dass ich noch nie zuvor in meinem Leben ein Gemäl-
depanorama sah. Natürlich weiß ich, dass es in Amsterdam ein opulentes gibt (oder gab?); ich lief öfters
daran vorbei, aber es regte sich in mir ebenso wenig
der Wunsch, dort hineinzugehen, wie etwa, Shimmy
tanzen zu lernen. Aber wozu kommt man nicht alles
in einer wildfremden Stadt an einem regnerischen
Sonntag! Vielleicht zum Shimmytanzen, aber sicherlich zu einem Riesenrundgemälde.

So stehe ich also kindlich arglos und kindlich neugierig diesem altmodischen Vergnügen gegenüber,
über das sich Balzac schon lustig gemacht hat.

Ernüchterung, beinahe Entrüstung ist mein erstes
Gefühl, als wir oben ankommen. Aber pfui, wie wagt
man es, in dieser Bergstadt, dieser Stadt am Fluss,
dem Landesgenossen und dem Fremdling solche Abbildungen von Fluss und Bergen vorzusetzen! Die
graue Leinwand – soll sie die Illusion von Raum und
Weite geben müssen? –, diese gelben Flecken von
Feuer, die steifen Figuren von kämpfenden Männern:
Kann es möglich sein, dass solche Schauspiele Menschen anziehen, noch Jahre später?

Ziellos flanierten wir in dem runden, dämmrigen
Raum. Dann auf einmal … Sonderbar, erstaunlich
unbegrenzt ist doch das menschliche Anpassungsver-
mögen … wir stehen gerührt da. Was wir vor uns sehen, was wir rund um uns sehen, ist nicht länger Leinwand und Farbe, es sind nicht länger leblose, plumpe
Figuren. Da erstreckt sich die Ebene, da erheben sich

die Berge, da windet sich der Fluss in Bögen zum Horizont, in einer Perspektive, die eine Tiefe von Tagesreisen suggeriert. Und das ganze Tal ist erfüllt vom tristen Glimmen der brennenden Gehöfte, von Bäumen in Flammen. Sieh, da ziehen sie auf, die Franzosen gegen die Tiroler, und Andreas Hofer selbst steht neben dem Haus, das sein Hauptquartier ist, und am Rand des Weges sitzt ein alter Mann, verletzt, und ein Mädchen labt ihn mit Wein. Und wir … Holzfußboden und Geländer sind vergessen, wir stehen mittendrin, es ist 1809 und das ist die Schlacht von Bergisel, Andreas Hofer bietet Napoleon die Stirn, das ganze Tal ist Feuer und Flammen … jeder Taleinschnitt, jeder Gipfel, jede Silhouette lässt sich in der roten Glut wiedererkennen.

Ist es die unter dem Anschein von Unbeholfenheit verdeckte Kunstfertigkeit des Mannes, der das Rundgemälde erschuf, oder ist es, dass sich der Mensch aus der gröbsten Illusion eine Wirklichkeit zu erschaffen weiß, sobald ihm die Möglichkeit eines Vergleichs genommen wurde? Mit anderen Worten: dass wir »überhaupt« den Kopf verlieren, wenn wir nicht mehr vergleichen können?

Darüber philosophieren wir noch, als sich plötzlich ein fürchterliches Gepolter hören lässt. Holzfußboden und Geländer dröhnen, die linke Treppe hinauf – denn man hält sich, o Elend, überall in Österreich links; ich wundere mich manchmal, dass ich noch lebe – steigt eine fröhliche Gesellschaft, behäbige Ausflügler, der Explicateur an der Spitze.

Unserem Glücksstern für die genossene Einsamkeit dankend, eilen wir die andere Treppe hinunter und nach draußen, wo es noch immer regnet, uns aber trotzdem das lebendige Tageslicht in die Augen plätschert wie eine geradezu blendende Flut aus silbernem Licht.

Eine elegante Dame

Wir haben uns auf ein Tanzfest im allerteuersten Hotel am Platze mitschleifen lassen.

Eigentlich bin ich mitnichten auf Tanzfeste im allerteuersten Hotel am Platze versessen.

Ach, das Personal ist zuvorkommend genug, denn die Direktion zieht ihren Profit daraus, aber die Hausgäste demonstrieren so deutlich, dass sie hierhin gehören, mit ihren Hündchen und ihren Kindern, die kommen, um Gutenachtküsse zu geben, mit ihren Handarbeiten – ganze Stickrahmen – und ihren Zeitungen, gegenüber den einfachen Abendmenschen aus den »schlechteren« Hotels. Sie lassen sich als Berechtigte in den tiefsten Sesseln nieder, auf den besten Plätzen, geben sich bei dieser Gelegenheit familiär gegenüber dem Kellner und intim mit dem Pianisten, ihre Stimmung ist nur mäßig angenehm.

Wie hätten wir jedoch der Liebenswürdigkeit der Tante, dem Bitten und Betteln der Nichte – die sich auch einmal mit jemand anderem als der Tante zeigen will – widerstehen können!

Tante und Nichte sind ungarische Damen und mag man der Nichte glauben, dann gab es – vor der auf breitem Rücken ertragenen Revolution, wohlgemerkt – in ganz Ungarn keine Frau so reich und so schön wie sie. Jetzt ist sie weder reich noch schön, sie ist gar ein wenig töricht und bedauernswert und doch ist sie mitnichten unsympathisch. Was ihre Toilette angeht: Fachkundig nenne ich mich da nicht, aber ich habe Mühe zu glauben, dass das knallblaue Satinkostüm mit großen Knöpfen und langen Ärmeln in Kombination mit einem lilafarbenen Hütchen jemals oder irgendwo, selbst in Ungarn und vor der Revolution, »très chic« gewesen sein kann. Aber sie erhofft sich noch so viel vom Leben im Allgemeinen und von diesem Tanzfest im Besonderen, wenn ich auch fürchte, dass sie ihr Vertrauen zu sehr in eine bunte Puderquaste und Lippenstift gesetzt hat.

Nein, lieber Leser, meine Überschrift ist nicht ironisch, denken Sie keineswegs, dass ich die Nichte mit »eleganter Dame« meine. Meine elegante Dame ist wahrhaftig, ist wirklich, ist außergewöhnlich elegant, sie ist sicher sehr reich, sie ist Amerikanerin. Sie sitzt mit ihrem Mann vorne an einem kleinen Tisch, den Rücken uns zugewandt, aber natürlich hat sie uns schon längst gesehen. Ihre Augen glitten, hochnäsig spottend, hochmütig-höhnisch vom lilafarbenen Hütchen über das blaue Satinkostüm zu den billigen Schühchen aus Brokatimitation. Selbst trägt sie etwas, das sehr kurz und luftig ist, aus Krepp und silberfarbener Spitze, und nach jedem Tanz in silberfarbenen Schühchen hüllt sie sich in einen schweren, bestickten Schal. Wenn sie sich gleich umschaut – und sie wird es nicht lassen können, die bedauernswerte Nichte nochmals mit ihrem spöttischen Blick zu durchbohren –, werde ich doch mal aufpassen, ob ihre Lippen tatsächlich amputiert sind.

Sie hat nämlich einen Mund wie der Verschluss eines Tabakbeutels, sie hat einen Teint wie ein Pilz und sie verschießt ihre Blicke aus grünlichen Schweinsäuglein. Aber ihre Figur ist gut, sie tanzt untadelig und vor allem … sie ist so elegant. Und daher sitzt sie selbstbewusst und gelassen unter dem strahlenden Kronleuchter und lässt ihre Ringe glitzern und drapiert sich in ihren Schal und wirft über ihre Schulter spöttische Blicke nach dem Hütchen, dem Kostüm und den Schühchen der Nichte.

Mich beschleicht ein Unbehagen …

Ist Schönheit ein Verdienst, ist der Mangel daran eine Schande? Sollte sich diese potthässliche Frau abseitshalten müssen? Mein Gerechtigkeitsgefühl sagt: nein. Und doch stören mich ihr Prahlen und ihr pfauenhaftes Gehabe, zuvörderst in diesem vollen Licht. Weil ich sie plötzlich als ein Symbol von etwas wirklich Störendem und Anstößigem in diesem »modernen« Leben sehe: die Überschätzung der Kunst, teure Kleider zu kaufen und teure Kleider zu tragen.

In meinen Mädchenjahren gab es natürlich auch potthässliche Frauen und sie wurden als sehr nett empfunden. Man sagte dann: Sie ist schon hässlich, aber sie ist so witzig und geistreich, sie kann so nett plaudern. Oder man sagte: Sie ist schon hässlich, aber sie ist so reizend, dass man es vergisst. Aber sie hielt sich immerhin bei Festivitäten abseits, wissend, keine Zierde der Schöpfung zu sein, ihre Domäne war das

Wohnzimmer, wo das Geistige zu seinem Recht kommen kann.

Diese Frau unter dem Kronleuchter ist nicht geistreich und nicht klug, sie sagt kein Wort, sie schaut nur auf ihre Juwelen, wenn sie nicht tanzt, oder sie drapiert sich in ihren Schal, sie ist ebenso wenig reizend oder sie würde nicht andauernd so höhnisch über ihre Schulter schauen. Einzig und allein, weil sie teure Kleider kaufen kann und teure Kleider tragen kann, einzig und allein, weil sie »so elegant ist«, in einer Welt, wo auch Schönheit nicht länger zu zählen scheint, sitzt sie gelassen-anmaßend im vollen Licht.

Arme Nichte. Sie verbrachte eineinhalb Stunden mit ihrer Toilette – ich saß geduldig wartend bei der Tante! – und sie wurde noch kein Mal aufgefordert. Und jetzt sitzt sie – sicher ist sie um die vierzig und im Grunde eine gescheite, gutherzige Person! –, jetzt sitzt sie da, krampfhaft mit einem Knaben von sechzehn Jahren flirtend, der mit seiner Mutter an unseren Tisch zu sitzen kam, um doch ein wenig lebhaft und jugendlich auszusehen, damit schließlich einmal jemand auf sie zukommen möge …

Elektrisches Licht

Lesen im Bett ... Urlaubsluxus. Zu Hause wird es früh Tag, zu Hause muss als Beispiel angeführt werden.

In einem kleinen Laden, wo man »Tauchnitze«, Bücher aus dem Tauchnitz-Verlag, verkauft, habe ich ein Buch von Sinclair Lewis – nein, lieber Leser, Upton Sinclair ist ein anderer – aufgetrieben, das ich noch nicht kannte, es heißt »Unser Herr Wrenn« und es liegt angenehm neu, noch rau vom Beschnitt, auf dem Tischchen neben meinem Bett. Nach einem Tag in den Bergen sind meine Arme und Beine erschöpft, aber ist mein Geist wie soeben erwacht. Behaglich strecke ich mich, drehe meine Nachttischlampe an ...

Du meine Güte! Da will das elende Ding schon wieder nicht brennen. Vorgestern war es kaputt, gestern wurde es repariert und jetzt ist es wieder hin. Und die Deckenlampe hängt viel zu weit von meinem Bett ...

Hier ist auch buchstäblich immer etwas mit dem Licht. Manchmal will es nicht angehen, dann und wann will es nicht ausgehen, dann funktioniert der Schalter nicht oder eine Schraube ist locker. Wir nörgeln, was sie denn eigentlich in diesem Land für Handwerker haben. Ja, in der Tat, was haben sie hier für Handwerker?! Ich bin dahintergekommen und werde Ihnen jetzt davon erzählen.

Es ist dann jetzt nicht mehr Abend, es ist Sonntag-nachmittag, es ist ein wirklicher Tiroler Sonntag, soll heißen: Musik von morgens bis abends. Zithern und Gitarren herrschen vor, aber auch Harfen und Geigen hört man, wo man geht. Da unser Hotel nur ein einfacher bäuerlicher Betrieb ist, kommt der Ausflügler in den Gartenschank und die Gaststube, um sein Butterbrot mit einem Kännchen frischem Tiroler Rotwein zu essen.

Weder an Musikensembles noch Jazzbands sind wir hier reich, aber da, zwischen Bürgern und Bauern, sitzen drei reisende Musikanten mit ihren Kännchen Rotwein.

Der erste ist ein altes, krummbeiniges Kerlchen, er spielt die Harfe.

Der zweite ist ein drahtiger, magerer, witziger junger Kerl, der jodelt, dass es nur so eine Lust ist.

Der dritte, der dritte …

Es gibt eine Grenze für jede Konvention, auch für die strengste. Hier ist die Grenze erreicht! Strenge Konvention bedeutet, dass ein Mann unumwunden nach einer gut aussehenden Frau schauen darf, aber dass eine Frau höchstens verstohlen nach einem gut aussehenden Mann schauen darf. Ich will mich nicht in die heiklen Fragen der »Doppelmoral« vertiefen, ich möchte nur sagen: Hier hört die Konvention auf. Denn dies ist »kein gut aussehender Mann«, dies ist die wiedergeborene Schönheit. Sagen Sie Apollo, sagen Sie Adonis, sagen Sie Antinoos, sagen Sie, was Sie wollen, aber versuchen Sie, sich Folgendes vorzustellen: ein vollkommen geformter Schädel, über dem sich wellende schwarze Locken wie gemeißelt liegen, eine gerade, glatte, faltenlose Stirn, ein Teint gleich einer heranreifenden Aprikose, Lippen und Kinn wie nach dem reinsten klassischen Vorbild, die gerade Nase nicht allzu massiv, nicht allzu fein, samtig bewimperte Samtaugen. Er trägt die Landestracht, die weißen Strümpfe mit kunstvollem Muster, die weder Knie noch Knöchel bedecken, die kurze gamslederne Hose und die breiten bestickten Hosenträger, er hält seine Gitarre in seinem Arm auf seinem Knie.

Oh, er weiß so verteufelt gut, dass er so verteufelt gut aussieht, der Taugenichts. Er lacht manchmal auf, wenn ein junges Mädchen oder eine betagte Frau, gerade hereingekommen, unbewusst wie gefesselt stehen bleibt, ihn anzusehen. Das alte Männchen spielt seine Harfe, der geschmeidige, drahtige Kerl jodelt, dass es nur so eine Lust ist, er zupft seine Gitarre und das Liedchen ist vorbei, und von allen Tischen erklingen Lachen und Applaus. Die Frauen lachen am stärksten und die Männer schauen zuweilen säuerlich drein, wenn sie zumindest nicht alt und weise genug sind, um zu erkennen, dass man wiedergeborener Schönheit gegenüber nicht eifersüchtig sein muss.

Pause, der Jodler geht mit dem Hut herum. Er hält ein Schwätzchen, er hat gehört, dass wir Niederländer sind, und es brennt ihm auf den Lippen: Er ist in Holland gewesen! Er hat in »Eden« gejodelt, er ist auch in

27

Groningen aufgetreten, da war Jahrmarkt und die Bauernmädchen haben ihn und seine Freunde den ganzen Abend lang auf Runde um Runde eingeladen.

Die beiden anderen sind auch an unseren Tisch gekommen. Auch in Holland gewesen? Nein, nur der Jodler mit zwei Kameraden, Facharbeiter wie er.

Ach, sind das dann keine Berufsmusikanten?

Nein, nicht von Haus aus. Der kleine Alte ist nicht einmal Tiroler. Er kommt aus … Verona und er ist … Gepäckträger!

Verona! O Geist Shakespeares. »Romeo und Julia«, »Zwei Herren aus Verona«. Hier ist nun zur Abwechslung ein Gepäckträger aus Verona, der krumme Beinchen und schwarze Zähne hat.

Und der andere, Adonis, Antinoos, was mag er wohl von Beruf sein?

Und jetzt kommt es.

Die wiedergeborene Schönheit ist, im gewöhnlichen Leben, Elektriker!

Ich habe wirklich Mühe, nicht in Gelächter auszubrechen. Ist das jetzt ein Gesicht, um Steckdosen zu reparieren und Sicherungen einzusetzen? Wenn hier in der Gegend noch ein paar mehr von diesem Schlag herumlaufen, dann verstehe ich, warum die Lampen so häufig kaputt sind.

Matratzenlager

Von Innsbruck hinaus nach Mittenwald mit der Karwendelbahn zu fahren und von dort in zweieinhalb Stunden nach Elmau zu wandern … oh, das ist lohnend genug. Denn die Reise mit der Karwendelbahn ist wie eine Fahrt durch ein Fabelland, so erhaben, so herrlich schön, die Wanderung führt an einem Wasserfall vorbei und Elmau, ja Elmau ist ein Unikum, auf das ich zurückkomme, interessierter Leser!

So wie ich sage: Die Reise ist lohnend genug. Aber wenn man diese Reise unternommen hat, einzig und allein, um einer teuren Blutsverwandten ein Skizzenbuch zu bringen, dann ist es schade, diese Brave ausgeflogen zu finden. Und in dieses Gefühl von Bedauern mischt sich ein Tick Unruhe: Die teure Blutsverwandte ist nämlich ein jugendlicher weiblicher Springinsfeld, zum ersten Mal mit einer Freundin allein unterwegs. Und wird sie sich sicherlich im Klaren darüber sein, dass man einige dieser lockenden grauen Übergänge nicht ohne große Gefahr erklimmen kann? Nein, zurückgehen werden wir nicht, bevor das Freundinnenpaar heil und gesund zurückgekehrt ist. Es wird bereits dunkel … wir würden den letzten Zug in Mittenwald nicht mehr erreichen … aber wir können ja übernachten. Nicht auf Elmau selbst, sondern unten an dem Bach, wo das bescheidene Gasthaus steht, und da finden wir auch sicher etwas zu essen.

Da sind sie, da sind sie, sie sitzen wohlbehalten beim Abendessen, wir steigen im Dunklen zwischen den mächtigen Tannen hinunter zu unserem Gasthaus. Es stellte sich heraus, dass glücklicherweise noch Platz war. Sie murmelten etwas von Matratzen, einer von uns würde vielleicht auf dem Boden schlafen müssen.

Behaglich und hell ist die braune Gaststube, als wir hereinkommen. Man sieht es tatsächlich und überall in Bayern und Tirol: Der Winter ist die Hauptsache, die sportliche Freude im Schnee. Man sieht es am Außengebäude und an der Holzverkleidung im Innern, solide und schwer ist es allemal. Und was für ein Kachelofen! Ein Genuss muss das sein, hier in des Winters Kälte und müde gegen Anbruch der Nacht zurückzukommen. Wir haben einen schweren Tag hinter uns und wollen jetzt schlafen gehen. Kann das Mädchen uns unsere Zimmer zeigen? Das Mädchen bedeutet, dass wir ihr folgen sollen. Und wir folgen ihr, gehorsam wie die Hamelner Kinder ihrem Rattenfänger. Wir folgen ihr aus der Gaststube hinaus, durch den Flur und nach draußen, wo es regnet, wo im Dunkel Bach und Bäume rauschen …

»Wo führst du uns hin, verehrte Magd?«

Die »verehrte Magd« bleibt stehen und zeigt auf einen Schuppen weiter oben, ein aus hellen Brettern gezimmerter auf hohen Pfählen. Zwischen diesen Pfählen wird tagsüber Holz gesägt und Rinde geschält, jetzt aber ruhen sich die elektrischen Sägen von ihrem dröhnenden Gesang aus und darüber … darüber sollen wir schlafen. Da hat man also offensichtlich Zimmerchen abgeteilt für die überrege Saison. Nun, das fehlte gerade noch … Man hat überhaupt keine Zimmerchen abgetrennt … wir schlafen in einem »Matratzenlager«.

Gute Güte! Ein kahler, unbearbeiteter Boden, kahle, unbearbeitete Bretterwände. Und an beiden Seiten eine Reihe auf den Boden geworfener Strohmatratzen. Nicht wirklich schmutzig, aber schon sehr unansehlich, grau und zerrissen, sodass das Stroh herausgequollen kam … Decken nur so lala und Kissen, na ja.

Die »verehrte Magd« dreht das Lämpchen an und entschleiert zwei Burschen, die jeder auf einer Matratze sitzen, um ihre Schuhe auszuziehen, sie wünscht uns eine gute Nacht und poltert die steile hölzerne Leiter wieder hinab. Die Jungen lachen wegen unserer belämmerten Gesichter. Es scheinen Gymnasiasten aus Württemberg zu sein, sie machen in den Ferien eine Wanderung, sie schlafen jede Nacht in einem Matratzenlager. Ihr Äußeres beunruhigt uns. Einen Augenblick fürchteten wir, einige Schurken und Landstreicher, einige Flöhe und … nun ja, Flöhe gab es genug … als Schlafgenossen zu bekommen. Eigentlich eine törichte Befürchtung, denn hierher kommen natürlich nur arme Touristen, Leutchen, die sich den ganzen Tag an der frischen Luft aufhalten, sich an Bächen waschen und in den herrlichen kleinen blauen Seen schwimmen, die überall zwischen Berg und Wald wie funkelnde Juwelen liegen.

Dann dazu, welch eine vortreffliche Lüftung! Nun, die Ritzen zwischen den Brettern sind mindestens eineinhalb Zentimeter breit.

Sie sind mir Trost gewesen, die breiten Ritzen zwischen den Brettern. Auf meinem Bauch liegend – mit Ihrer Erlaubnis, Leser –, habe ich in diesen langen, düsteren Stunden die Nacht bespitzelt. Sie schliefen so ruhig und still, all diese Burschen und jungen Kerle, sie rührten sich nicht. Mein eigener jugendlicher Reisegenosse hatte seine Jacke zu einem Kissen und sich selbst wie ein Igel eingerollt und lag da wie zu Hause … Ich Arme allein war wach. Nie war Schlafen meine Stärke und vor allem hinsichtlich meiner Kissen bin ich ziemlich nörgelig.

Aber die Ritzen als Fenster haben mich getröstet. Hell erschien die Nacht aus dem Stockdunkel drinnen, Wolkenfetzen zogen vor dem Mond vorbei, hoch wie graue Türme standen die Berge gegen den Himmel an, die Wälder längs ihrer Flanken zitterten und rauschten in der Finsternis … und das alles wähnte sich mit sich alleine und unbeobachtet. Weder Berge noch Wolken, weder Mondlicht noch Wälder … nichts konnte vermuten, dass ein andächtiges Menschenauge sie beobachtete, durch einen Spalt zwischen den ungehobelten Brettern eines hölzernen Schuppens.

Natürlich bin ich zu guter Letzt doch eingeschlafen, aber wie war ich danach steif, wie ein Brett, ich kam kaum das Leiterchen hinab. Ganz gemütlich und vertraulich stand dort die Außentür des Gasthauses sperrangelweit offen, auf dem Flur brannte elektrisches Licht. Und in der verlassenen Küche zeigte die Uhr halb fünf an!

Schloss Elmau

Sogar der Eskimo liebt seine Eisscholle. Diese Wahrheit zeigte sich mir zum ersten Mal in Gestalt eines Satzes im Diktat, ach, wo bleibt die Zeit! Aber was gab mir der Erzieher in seiner heiligen Furcht, dass ich »Scholle« mit einem »l« zu wenig und »Eis« mit »ai« schreiben würde: Stoff zu Träumereien. Ich fühlte mich dem Eskimo gleich, auch hatte ich ja meine Eisscholle lieb. Freunde, die sich in späteren Jahren mit mir auf Pilgerfahrt zu alten Stätten begaben, haben oft ihr ehrwürdiges Haupt geschüttelt. Sie fanden meine »Eisscholle« nämlich nicht schön und sie verstanden nicht, wie sie aus der Quelle von Geschichten, die sie manchmal schon schön fanden, hatte sein können.

Was hätte ich sagen können? Dass ich meine Eisscholle liebte und dass sie mir als Quelle diente.

Noch immer habe ich meine Eisscholle lieb, noch immer finde ich das Nach-Hause-Kommen eine der größten Vergnüglichkeiten des Auf-Reisen-Gehens. Zu Hause … das ist jetzt der hohe Ahorn vor meinem Fenster, in den ich hinaufstarre, wenn ich nachdenke, sodass die Gedanken manchmal aus seinen Blättern zu mir zu kommen scheinen. Er trägt die Erinnerung an so viele alte Grübeleien! Zu Hause … das ist der Kohlacker am Rand der Heide – ach, so bescheiden und simpel, verglichen mit dem Stubai und der Serles –, aber im Kohlacker liegt manch alte Rührung verborgen. Zu Hause ist der neue Herbst, der wie eine

Fortsetzung des alten erscheint, zu Hause sind meine Erinnerungen und meine Besinnung, mein Herz und meine Seele … Da können die schönsten Stunden, der blaueste Himmel, die reinste Sonne, die allerschönsten Aussichten nicht mithalten.

Aber wie seltsam geht es in einem Menschenleben zu! Dieses Mal habe ich ein Bruchstück meiner Eisscholle, etwas von meinem Herzen und meiner Seele, etwas von meinem Zu-Hause-Gefühl an einem Platz in dem weit entfernten Land gelassen, das diesen einen Platz in meiner Erinnerung immer vom Rest hervortun wird, dass ich tatsächlich wieder dahin zurückfinden werde …

Es war, als wir zum Schloss Elmau gekommen waren und in der Dämmerung auf das ausgeflogene Freundinnenpaar warteten. Wie voll von süßer Wehmut war der Abend, Feuchtigkeit und der Geruch von Laub ließen schon den Herbst erahnen und wir saßen auf der Bank und schauten auf das gewaltig große Haus, wo nach und nach die Lichter angezündet wurden.

Ich habe es Ihnen bereits gesagt, Schloss Elmau ist ein Unikum. Kein Sanatorium und kein Hotel und keine Einrichtung und keine Ferienkolonie, von all diesen Dingen hat es etwas, aber es ist vor allem: es selbst, es trägt den Stempel seines Gründers und seines Leiters, Doktor Johannes Müller, des »praktischen Philosophen«, der Freude mit Ernst zu versöhnen wusste. Ich wäre ihm sehr gerne begegnet, aber ich kam als Fremde und wurde kaum eben hereingelassen, Schloss Elmau ist kein Ort für durchziehende Reisende.

Wir saßen auf der Bank unter einer mächtigen Buche und wir warteten. Immer mehr Lichter gingen in den endlosen Fensterreihen an, in den kleinen, spitzen Türmen, in Zimmern und Sälen … und dunkler und feuchter wurde es draußen.

Dann plötzlich kam da, es schien mir hoch aus dem Türmchen zu kommen, durch die von feuchtem Rauschen erfüllte Stille Pianoklang auf mich zu. An sich nichts Ungewöhnliches. Man hört schon öfter Musik auf Reisen, dudelnde Melodien aus Klimperkästen oder überall und ewig dieselben Boston-Rhythmen, alle Tage wieder, in allen Badeorten und allen Kurorten der »feinen« Welt.

Das war so ganz anders. Ernsthaft und voll schwollen die Töne, dann plötzlich erhob sich wie zaghaft die begleitete Stimme und sang … Es war ein altes, ergreifendes Lied und es fegte die Jahre hinweg, es fegte den Abstand von Zeit und von Raum hinfort und ich sah die Stadt, die ich gerade so geliebt habe wie der Eskimo seine Eisscholle, Amsterdam im späten Herbst … der Vondelpark … mit seinen spiegelglatten Weihern, seinen bunten Blumenbeeten, den träumerisch in Nebel gehüllten Bäumen mit ihrem reglosen goldenen Laub … und ich sah mich selbst … lauschend an der Ecke von einem dieser großen, luxuriösen Häuser, wo dasselbe Lied im

Schein einer rotgoldenen Lampe gespielt und gesungen wurde ... von einer süßen, sachten Stimme bei vollem, üppigem Pianoklang. Ich sah und fühlte das alles, ich sah und fühlte das alte Selbst ... so jung, so von sehnsüchtigen Erwartungen verwirrt und erfüllt. Und all die Erwartungen lebten in diesem tiefen Pianoklang ... Stimme und Klang flossen ineinander mit dem Park im Hintergrund ... herbstbunte Blumenbeete, golden träumende Bäume, spiegelglatte Weiher mit Nebel darüber ... verwischt, verschwommen waren die Grenzen zwischen dem allem in meinem eigenen Ich.

Vor mehr als zwanzig Jahren ... und keine Erwartungen mehr. Keine verwirrenden Sehnsüchte mehr ... An Zukunft lediglich, was auf anderen beruht, voll Unsicherheit und Sorgen um den allzu ungewissen Besitz.

Auf einer Bank sitze ich im anbrechenden Abend und fühle mich beklommen und warte im verlassenen Bergland auf ein ausgeflogenes Kind, nichts anderes als eine ängstliche Mutter! Und dann auf einmal das Lied, dieser Klang und diese Stimme, so rau und so süß. Und die scharfen Bilder vom Park mit seinen Weihern und Bäumen, von dem Haus, aus dem die rotgoldene Lampe schien, und von meinem jüngeren Selbst, überquellend von sehnsüchtigen Erwartungen.

So kommt es, dass ich ein Bruchstück meiner Eisscholle an einen Platz in einem weit entfernten Land zu legen weiß, das für alle Zeit diesen Platz von anderen unterscheidet, und dass ich immer wieder dahin zurückfinden werde …

Goethe-Stube

Ja, heute werden wir endlich einmal in der berühmten Goethe-Stube essen gehen. Eine Dame im Zug hat uns das ans Herz gelegt: Wir dürften das nicht versäumen. Sie kannte Innsbruck, sie war verrückt danach; seltsam, dass ich es mir aus ihren Erzählungen viel puppenstubenhafter und kleiner vorgestellt hatte. Vielleicht wegen des Gedankens an ein »Tal« und der Erwartung von etwas »Malerischem«.

Wir werden also heute in die Goethe-Stube gehen. Das Wetter ist dafür wie geschaffen. Zu ungewiss, um einen Ausflug zu beginnen, zu schön, um im Dorf zu verbleiben. Wir werden durch die Wälder nach Innsbruck hinabgehen, bei der Brücke, wo die Sill tosend mit dem Inn zusammenfließt, ein wenig im Landgasthaus verweilen, dann in die Stadt hinein, durch die Arkaden schlendern, zu einem lächerlichen Preis Pfirsiche kaufen, kleine Besorgungen erledigen, ein Telegramm verschicken … wenn wir nur dafür sorgen, rechtzeitig bei dem Bähnlein zu sein, das uns zum Abendessen zurück nach Igls bringen muss. Rechtzeitig, oder wir bekommen keinen Platz, denn es ist immer gerammelt voll, bergauf zumindest, bergab gehen die meisten zu Fuß.

Ja, man darf nicht zu gering über Igls denken. Vor allen umliegenden Dörfern zeichnet es sich als Sommerfrische in Vornehmheit und Wohlstand aus.

Wie das kommt?

Wir wissen es alle: Glück und Unglück verstecken sich in kleinen Eckchen. Bei Menschen, und bei Dörfern ebenso. Das Glück von Igls besteht nun in dem kleinen Eckchen, das drüben, ganz tief hinten im Inntal, die Nordkette mit den Stubaier Alpen formt. Denn dieses Eckchen liegt genau nach Westen und dort geht die Sonne unter, und läge nun Igls in seiner Talausrichtung ein Stückchen weiter links oder ein Stückchen weiter rechts, dann würde es viel später Morgen und viel früher Abend sein – und dann wäre es kein hoch gelegener Luftkurort geworden mit einem Kurhaus und einem Sanatorium und Tennisplätzen und einer Wiener Kapelle und eleganten Damen in negativen Kleidern mit ausgeblichenen Haaren und gefärbten Schnuten. Da es wirklich exakt gegenüber diesem Glückseckchen liegt, kann es sich all dieser Herrlichkeiten rühmen, kann es überheblich und stolz – und der Wahrheit entsprechend, will ich hoffen! – eine ebenso hohe Anzahl an Sonnenstunden anpreisen, annoncieren, plakatieren wie Sankt Moritz höchstselbst!

Man vergesse auch nicht die Nähe zur großen Stadt, dieser allervergnüglichsten Abwechslung für regnerische Tage.

Mich zieht vor allem die Zwanglosigkeit von Innsbruck an, es ist eine so muntere, freie Touristenstadt, die Menschen laufen da so gemütlich in ihren ältesten und bequemsten Klamotten durch die Straßen und essen Pfirsiche aus Papiertüten.

Da ich das nun schreibe, muss ich auf einmal an einen Winterabend im vergangenen Jahr denken. Ich hielt irgendwo in der Provinz eine »Lesung« und hatte gerade das Wort ergriffen, als eine Dame hereinkam, eilig, denn ja zu spät. Nun, an sich nichts Besonderes, aber ihr Eintreten löste eine helle Aufregung aus.

Und warum? Diese Dame trug ihre weiße Seidenbluse in und nicht über ihrem grauen Rock. Kein Sterblicher – zumindest von der weiblichen Hälfte –, der in diesem Augenblick noch Aufmerksamkeit für die Vortragende oder das Gesprochene gehabt hätte.

Diesen rate ich, nach Innsbruck zu fahren. Hier wimmelt es, zumindest im Sommer, von Blusen und Röcken, von Hütchen auf Köpfchen, Matrosenkleidchen, Kapotthütchen und Kostümchen von anno dazumal. Niemand, der danach schaute. Ach, ich gebe es zu, schön sind sie nicht, die dicken deutschen Muttchen, aber sie haben solch eine Freude und sie sehen so kreuzvergnügt aus.

Ist es die Liebe zum allergrößten der deutschen Klassiker, die sie in die Goethe-Stube treibt, oder erreichte sie in Dessau oder Düsseldorf die Kunde, dass man dort das Wiener Schnitzel so saftig und heiß und knusprig ausgebacken bekommt? Wie überall unter den Arkaden ist es dort außerdem schattig und kühl – und es kann balsamisch warm in Innsbruck sein! Wir treffen es gut, es wird gerade ein Tischchen frei. Und welch Segen, die Speisekarte ist getippt – es fällt wahr-

haftig schwer, sich anhand von bleichfleckig hekto-
grafierter Frakturschrift aus fremden Gerichten ein
anständiges Menü zusammenzustellen. Und dazu
noch mit einem drängenden Fräulein neben seinem
Stuhl!

Das drängende Fräulein hastete küchenwärts und
wir schauen uns in Erwartung um. Es ist hier in der
Tat angenehm kühl und besonders gemütlich. Sitz-
bänke, Tische, Wandverkleidungen, alles aus demsel-
ben rotbraunen Holz, geschmückt mit grünen Tan-
nenzweigen. Grüne Zweige schlängeln sich ebenfalls
längs der Rahmen der hohen Bleiglasfenster und zwischen den gemalten Porträts und Bildern an den Wänden …

Goethe hier, Goethe da, Goethe überall. Man bedenke, der Mann hat hier gegessen! Eine Goethe-Ge-
denkstätte im Hosentaschenformat – denn Platz ist
da nicht viel, immer wieder sieht man begierig eintre-
tende Leute enttäuscht wieder abziehen –, ein hüb-
sches Zeichen dafür, was dem einfachen Bürger
Kunst und Künstler bedeuten!

Die große Leinwand direkt gegenüber von unserem Tischlein zeigt den sinnierenden Goethe in seiner
ganzen Gestalt, vor einem Hügel liegend, in den
Abend starrend. Es ist unverkennbar, man sieht den
Mann dichten, mehr noch: Man sieht ihn »Wanderers
Nachtlied« dichten. Man möchte dem Dichter einen
diskreten Stoß in die Rippen versetzen und sagen:

»Nun zu, Väterchen, bring es mal ordentlich zu Papier, du willst es doch.«

Daneben ein Goethe im Gespräch, aber das Gemälde ist etwas schmutzig geworden und man weiß nicht recht: Lauscht Schiller oder lauscht Eckermann?

Diese Leute da haben Glück, so wie wir soeben Glück hatten. Ein kleiner Tisch ist frei geworden, wie Falken schießen sie darauf zu. Voraus das schnaufende, dicke Muttchen – Bluse im Rock, Hütchen auf dem Köpfchen –, dann der schnaufende, dicke Vater, zuletzt die poetisch magere Tochter.

Ist das Mädchen blindlings seinen Eltern gefolgt? Wusste sie nicht, wohin sie ging? Man sollte es denken, denn plötzlich steht sie starr wie eine Salzsäule, ihr Gesicht leuchtet auf, ihre Hand zeigt ekstatisch auf die schönen Bilder an der Wand …

»Ach, sieh doch mal …! Der Goethe!«

Hakenkreuzler

Wir sagen Swastika, sie sagen Hakenkreuz.

Wir hier kennen keine »Swastiker«, sie dort kennen »Hakenkreuzler« schon, und zwar allzu gut und zwar allzu oft zu ihrer Schande. Es sind die Auserlesenen unter den Menschen, die sich als Arier fühlen und davon durch das Tragen eines Hakenkreuzes Zeugnis geben.

Denn die Swastika ist ja das altindische Zeichen für gute Gesinnung und Glück. Freunde indischer Weisheit sind, hierzulande, Freunde der Swastika. Dort, in Deutschland und nun auch in Österreich, ist dem nicht so. Hier prahlt mit dem Hakenkreuz, wer sich als Arier fühlt, wer zur Zierde der Menschheit gehört, zu den Besten, zu den Freunden, so wie Chamberlain sie das Wort zu übersetzen hat gelehrt.

Denn Houston Stewart Chamberlain – der deutsche Chamberlain, der Freund des Kaisers – hat all das schön in Mode gebracht. Oder kannte nicht jeder Schuljunge, jeder Student in Deutschland seine »Grundlagen des neunzehnten Jahrhunderts«? Klang das nicht wie Musik in den Ohren, immer wieder neues Öl auf das Feuer der germanischen Selbsterhöhung? Wir sind die Zierde, wir sind die Noblen, wir sind die Freunde. Ja, dieser Mann hat viel auf sein Gewissen geladen, viel auf seine Verantwortung genommen. In Freunde (Arier) und Feinde (Semiten), in Überlegene und Unterlegene hat er die Menschheit geteilt. In einem Land, in dem alles für gut galt, was nur Wissenschaft war, hat er diese Dinge »bewiesen« und so den niedersten Instinkten von Herrschsucht und Hass zu einer moralischen Gerechtigkeit verholfen. Er ist auch der Schöpfer des Abgottes Kultur. Öffentlich hat er es gelehrt: Allein die Arier haben Kultur, den Unterlegenen (den Juden) bleibt einzig das Geringere: die »Zivilisation«.

Vor ungefähr einem Jahr beklagte sich Einstein voller Bitterkeit über die »Alldeutschen mit und ohne Hakenkreuz«, die ihm in Berlin das Leben vergällten. Jetzt ist jeder Nationalist gleichzeitig Hakenkreuzler. Und von Deutschland ist das hübsch nach Wien hinübergeweht.

Wiener, die wir in Igls kennenlernten, Juden und Nichtjuden, haben mir jedenfalls versichert, dass man diesen militant und öffentlich als »politische Richtung« verkündigten Antisemitismus bislang in der munteren Donaustadt nicht kannte. Während wir und sie in Tirol verweilten, fand in Wien der Zionistenkongress statt, unter Hohn und Protest. Wir wussten schon davon, wir hatten in München, im Löwenbräukeller, all die Illustrationen und Karikaturen auf dem Lesetisch liegen sehen.

Ja, es gibt hier viel Schönes und Gutes und Liebes, aber es gibt auch »something rotten«. Tirol fühlt sehr stark antijüdisch und kann es nicht zeigen, denn zum guten Teil lebt es von den Juden. Die reichen jüdischen Familien aus Wien und München, aus Frankfurt und Berlin kommen des Sommers hierhin ihr Geld ausgeben. Sie sind Gast, sie sind Kunde, sie bringen den Wohlstand, man kann sie nicht öffentlich beleidigen. Also tut man das klammheimlich …

Merkwürdig ist, wie der Eindruck der Dinge durch ihre Absicht bestimmt wird! Bereits öfter habe ich das erlebt und ich habe es nun wieder deutlich bestätigt gesehen. Ich meine das so: Wenn ich früher ein Mädchen mit einer goldenen oder silbernen Swastika an einem Kettchen um den Hals sah, dann empfand ich diese Person als angenehm. Denn ich wusste ja: Es meinte das als Zeichen von guter Gesinnung und von Glück, da lag etwas Liebliches und Sanftes – vielleicht für andere etwas Weiches und Schwärmerisches –, aber zumindest niemals etwas Bösartiges in einer Swastika.

Jetzt dagegen ist es mir passiert, dass ich mitten im Wald, an der Lehne einer Bank oder auf einem Wegweiser oder in einem herrlichen Baumstamm, das Zeichen eingeschnitten fand, manchmal bis zu drei, vier nebeneinander. Und ich werde Ihnen nicht sagen können, wie bösartig und falsch es dann plötzlich wirkt, wie ein kleines giftiges Tier, wie eine Spinne mit vier boshaft gekrümmten Klauen. Kaum zu glauben, dass dasselbe Zeichen hierzulande an goldenen Kettchen um unschuldige weiße Mädchenhälse hängt!

Es macht so wütend und vor allem mutet es so tückisch an.

Frau Lona hat schwer daran zu tragen. Sie ist eine Wienerin, sie ist Jüdin, sie ist sehr vehement und sehr friedfertig, sie ist bei Weitem nicht dumm und sie sagt die verrücktesten Dinge. Sie würde mit jedermann in Frieden leben wollen, der Hass, den sie um sich herum fühlt, lässt sie leiden, aber nun, da die anderen hassen, hasst sie jetzt auch, inbrünstig und heftig. Der Geschäftsführer des Kurhauses ist ganz Lächeln und Verbeugen, aber vielleicht geht er an seinen freien Tagen heimlich in den Wald, um mit einem scharfen, spitzen Messer Hakenkreuze in die Bäume zu schneiden, tief, drei, vier nebeneinander, und so seinem verbissenen Gemüt Luft zu verschaffen und so Trost zu finden für die Qualen, dass er täglich gegenüber Dutzenden Juden ganz und gar krummer Buckel und Lächeln sein muss.

Gestern begegneten wir einem von denen auf dem Weg nach Lans. Das silberne Hakenkreuz glänzte in seinem Knopfloch, herausfordernd und grimmig, unverfroren und schnaubend schaute er sich um, ob sich irgendwo auf seinem Weg auch nur ein Jude zu zeigen wagte. Frau Lona war, sich fröhlich unterhaltend, gelaufen, plötzlich loderten Wut und Traurigkeit in ihr auf.

Ich muss sagen, dieser »Arier« war auch schon ein ausgesuchter Rüpel.

Frau Lona

Heute bedauere ich, dass ich keine Dendrologin bin und dass ich somit von keinem dieser prächtigen Bäume den Namen nennen kann. Nimmer habe ich gewusst, dass solch eine Vielfalt bei Nadelhölzern bestand – meine Einfältigkeit begnügte sich mit Tanne und Fichte –, nimmer habe ich gewusst, dass diese Bäume so schön sein könnten. Es gibt welche, deren geschmeidige smaragdfarbene Nadelbüschel an das seidige Gefieder von tropischen Vögeln erinnern. Nun scheint Igls insbesondere für seinen Nadelwald berühmt zu sein und das Kurhaus wurde in einem der schönsten Teile des Waldes erbaut.

Wir sitzen draußen an einem kleinen Tisch und lauschen der Musik. Das goldene Licht hängt im smaragdfarbenen Nadelwerk und hüpft über den samtenen Rasen mit den weißen und den rosenroten und den himmelblauen Kinderchen. Wir sitzen in trauter Urlaubsfreundschaft vereint. Vor ein paar Tagen hatten wir noch nie voneinander gehört, jetzt ist per Akklamation der »gnädigen Frau« damit Schluss, wir sind Frau Ella und Frau Erna, Frau Bertha und Frau Lona. Die alte Tante – Sie wissen wohl, von der Nichte mit dem samtenen Damenkostüm! – nennen wir respektvoll Frau Tante und die Verfasserin ist natürlich Frau Carry.

Wir trinken Kaffee mit dickem Rahm, wir haben süße »Kipfelchen« und knusprige »Semmelchen« vor uns auf dem Tisch stehen, wir tränken unsere Seelen in Musik, in Sonne, in Kaffeeklatschgeselligkeit. Ich kann mich nun mühelos in den Gemütszustand einer faulen, schnurrenden – aber leicht maliziösen – Katze versetzen.

Unser Jungvolk ist dabei, »Goal Game« zu spielen; das muss eine Art von Tischfußball sein, es scheint sie überaus in Begeisterung zu versetzen, ihr Gejohle übertönt manchmal die Musik. Der Flügel steht auf dem Treppenabsatz: Auf der verglasten Veranda wird getanzt. Heute Abend soll im Saal getanzt werden und dann wieder auf der Veranda und dann wieder im Saal und so weiter ad infinitum …

Es gibt hier welche, die jeden Nachmittag und jeden Abend tanzen. Den Morgen verbringen sie am Lanser See, im lauen Wasser plätschernd oder beim Sonnenbad flirtend, dann nach dem Mittagsmahl eine kurze Pause, eine lange Toilette und zum Kurhaus, um ein klein wenig Tennis zu spielen und viel zu tanzen, abends die Wiederholung in großer Gala.

Wir gehören nicht zu ihnen. Aber eine Nichte von Frau Lona gehört schon dazu, zu den zuerst Ankommenden, zu den am längsten Bleibenden. Man bedenke nur … manchmal bis halb zwei in der Nacht, mit einer ganzen Schar junger Hallodris. Und das für eine verheiratete Frau! Mutter von zwei niedlichen Kinderchen! Nach wem sie sich umschaut!!! Das dicke Kindermädchen hat ihr Herz ausgeschüttet: Die

Würmchen besitzen keine heile Hose, keine ganze Socke. Und Mama hat das Kleingeld für jeden Tag eine neue Toilette.

Jaja, und da sitzt dieser gutmütige Trottel von Mann in der Hitze in Wien und rackert sich ab ...

Et patati et patata ...

Und die Köpfe werden zusammengesteckt und das ist nun der reine, pure Kaffeeklatsch. Mehr und mehr fühle ich mich in dieser Atmosphäre wie eine faule, schnurrende, doch leicht maliziöse Katze.

Von der aus der Art geschlagenen Mama plätschern Süßigkeiten beim Gespräch über andere Bekannte heraus, es wird eine angenehme Variante des Tratschens und Renommierens. Die Nichte ist in der Kunst – sie trällert eigentlich nicht übel – und kennt daher alles, was in den Sphären des Theaters und der Oper berühmt ist. Die Allergrößten duzt sie, der eine Star ist ihre Busenfreundin, mit dem anderen ist sie verlobt gewesen, der Dritte schreibt ihr von Kindesbeinen an die vertraulichsten Briefe. Frau Lona hält sich zurück, sie glaubt nicht ein Zehntel davon – Augen und Brauen geben das deutlich zu erkennen –, aber wir sitzen hier nun einmal wie eingeschworene Freundinnen.

Elegante kleine Wesen trippeln vorbei, in Wolken von Parfüm.

Es gibt viel Eleganz, findet Frau Lona, zu viel. Sie kann selbst ganz beruhigt sein mit ihrem Puder und ihrer Schminke (nicht übermäßig, gerade genug für einen jugendlichen Effekt), ihren gediegenen Juwelen, ihrem modischen Cape und dem blauen Samthut. Aber gegen diese Eleganz kommt sie doch nicht an und daher missbilligt sie diese Eleganz dann auch. Die Tante ebenso und die Nichte und Frau Ella und Frau Erna und Frau Carry.

Frau Lona philosophiert: Genau besehen ist Reichtum doch eigentlich kein Verdienst. Sie für sich würde niemals jemanden wegen seines Reichtums aussuchen oder verehren. Im Gegenteil! Und sie kann es beweisen. Denn da gibt es nun zum Beispiel … Frau Carry! Nicht, dass man etwas sagen wollte, aber man merkt es an allem: Frau Carry ist sicherlich eine sehr einfache Frau. Ihr Kleid … Armes Kleid! Es ist ein Shantungkleid von Liberty, Frau Carry selbst findet sich recht anständig damit, aber ja … »Wiener Chic« scheint es nicht. Der Rest ist schlimmer. Nicht der kleinste Edelstein, keine Spur von Gold, keine Kette, kein Ring, kein Armband. Ein Zweifel scheint ausgeschlossen: Frau Carry besitzt offensichtlich keinen roten Heller. Denn wer trägt denn keinen Schmuck, wer Geld dafür hätte? Und wer wohnt im Altwirt, wenn er den Iglser Hof oder zumindest das Maximilian bezahlen kann? Das gehört zu den absoluten Grundsätzen von allen Frau Lonas in allen Himmelsstrichen: Zu Hause kann man sich behelfen, aber am Sommerort wohnt man so vornehm und so teuer, wie man es sich im Bereich des Menschenmöglichen leisten kann. Wer also für zwölf Schilling wohnt, beweist, dass er keine dreizehn besitzt.

Ja, Frau Carry ist nur eine einfache Sorte Mensch. Und doch … doch ist es nun das dritte Mal, dass Frau Lona sich mit ihr im Kurhaus zeigt, um sich ihresgleichen anzusehen. Und warum wird Frau Carry also begünstigt? Weil sie – das mit einem beinahe feuchtwohlwollenden Blick –, weil sie eine liebe, brave, einfache Frau ist, und dazu lang nicht ungebildet! Denn das hat Frau Lona sofort erkannt, dafür hat sie eine Nase, das sagt sie schon selbst. Und sind da jetzt noch weitere Beweise nötig, wie sehr Frau Lona über Urteil und Vorurteil der Welt erhaben ist?

Frau Tante und Frau Nichte, Frau Ella, Frau Erna und Frau Bertha nicken zustimmend ernst.

Frau Carry verneigt sich, höchst geschmeichelt.

Hoher Besuch

Jeden Tag aufs Neue ist mir der erste Gang vor die
Tür ein Fest. Es scheint manchmal, als ob diese Augenblicke die Erfrischung bringen, die die Nacht mir
zu oft vorenthält, selbst jetzt auf Reisen, selbst hier in
der hohen Luft. An sonnigen Tagen ist das Wiederse-
hen am Morgen schon besonders angenehm. Wie
warm und üppig stehen die sahneweißen Mauern, wie
munter heben sich die Farben der Blumen dagegen
ab! Der Schuster ist mit seinen Gesellen bereits seit
fünf Uhr an der Arbeit, gegen sechs taucht der Lehr-
junge auf mit seiner großen Haartolle und seinem
schelmischen Gesicht und es ist ein Kommen und
Gehen, ein Lachen und Scherzen an der Außentreppe
zum Balkon, wo hinter offenen Türen die Frauen bereits Vorbereitungen für das erste Mahl treffen. Frisch
plätschert der Brunnen und das hölzerne Kerlchen
lacht. Überall in Tirol stehen solche Wächter und Be-
schützer bei Brunnen und Quellen, bunt bemalte hölzerne Figuren, dann und wann ein Heiliger oder ein
Held, aber zumeist das ein oder andere alte Männlein,
ein Jäger oder Hirte, so wie man diese im Kleinen in
Fulpmes aus Klötzen weichen Holzes schnitzt.

Die Obstfrau kennt uns bereits und nickt uns von
ihrem Stand aus zu. Was soll es heute sein? Wieder
einmal Salzburger Birnen? Ja, über eine Birne aus
Salzburg geht keine andere Birne in der ganzen Welt.

Und dabei … aber ich will sie nicht piesacken, in diesem teuren Land, in dieser teuren Zeit.

Wir essen sie auf dem Brückchen und schauen herunter auf das kristallklare Wasser, das schäumend zwischen kleinen Wällen aus Minze forteilt. Und das alles nicht einmal eine halbe Minute vom Hotel entfernt, unser brauner, braver Gasthof steht da mittendrin.

Heute ist der Morgen bereits besonders frisch. Hell strahlt die Sonne, es zieht kein Wölkchen über den Himmel, spitz und fest stehen rundum die Berge in der klaren, nebellosen Luft. Aber was mag diese ungewöhnliche Geschäftigkeit auf der Straße wohl bedeuten? Aha, da kommen die Iglser Schützen heran! Wie sehen sie doch schneidig aus in ihren scharlachroten Wämsern und kurzen schwarzen Lederhosen und weißen Hemden mit grünen Hosenträgern! Auf den prächtigen, eleganten Hüten sind weiße Federn an goldenen Quasten befestigt. Ihre Messinginstrumente strahlen und funkeln in der Sonne wie Gold. Sie versammeln sich auf dem Platz, von hier und dort stürzt noch ein Zu-spät-Kommender herbei; zwischen all diesen großen, schweren Kerlen steht der dralle Knirps, der die Trommel schiebt und dieselbe Tracht trägt mit Hut und Quasten und Federn und allem wie ein lustiger kleiner Miniaturmusikant.

Die meisten Kurgäste sind schon auf den Beinen und beobachten mit wohlwollendem Lächeln, ein wenig blasiert, das farbenprächtige Schauspiel.

Aber die Kinder mit ihren langen, nackten Beinen in fast keinen Höschen und kaum Kleidchen – dem Teil der modernen Eleganz, die Mama ihrem arglosen Nachwuchs zugewiesen hat! –, die Kinder sind nicht blasiert und tanzen ausgelassen um die hübschen Männer umher.

Warten Sie einen Moment, noch fehlte es, das Fräulein von der Fotopresse! Sie ist wie die Hühner immer überall dabei, sie ist immer modisch in Weiß, sie kämpft immer mit ihrem Apparat. Gestern sahen wir sie, um den Lanser See geisternd, auf Beute lauernd, bis sie sich schließlich mit einer jugendlichen Mutter gegen ein vierjähriges Schätzchen verbündete. Splitterfasernackt wurde der Wicht posierend ins Ried gesetzt, splitterfasernackt musste er stehen bleiben, bis das Fräulein sich mit ihrem schweren, umständlichen Stativ einig geworden war.

Das Schäfchen wurde ungeduldig und wollte weg, aber Mama gab sich nicht verloren, sie glänzte vor Stolz, man bedenke: ihr Schatz als goldiges Bildchen in einer Wiener Illustrierten.

Zu guter Letzt sollte es dann gelingen, aber heute, ach, Arme, gelingt es nicht … denn gerade als der Apparat so will, wie das Fräulein will, da erschallen Pauken und Trompeten, die Gruppe formierte sich zu einem Zug. Vorwärts marsch! Himmelblau, Morgensonne, Musik, zu der man marschieren könnte.

Eine Prozession durch das Dorf und Halt im hübschen bäuerlichen Garten eines einfachen Hotels. Und jetzt ziehen sie so richtig vom Leder, das ganze Repertoire wird zum Besten gegeben, dass es zwischen den kleinen Kastanienbäumen und über den Rasen schallt.

Wem mag dieses lustige Morgenständchen wohl gelten? Ist vielleicht der Hotelbesitzer ein Freund, der heute Geburtstag hat oder seine kupferne Hochzeit feiert?

Wir sind an diesem Morgen nicht dahintergekommen, aber ein paar Tage später hat uns die Kurzeitung des Rätsels Lösung gebracht. Diesen sonnigen Morgen ist hoher Besuch im Dorf gewesen, niemand Geringerer als der Reichspräsident hat im Stettnerhof an einer Zusammenkunft von Tiroler Bürgermeistern teilgenommen, da er doch mit seiner Familie im benachbarten Sistrans weilte.

In Sistrans, diesem kleinen, bäuerlichen Dorf, wo es nur wenige kleine, bäuerliche Hotels gibt? Ich bin erstaunt, ich hatte gedacht, dass der Reichspräsident doch mindestens im Tirolerhof wohnen würde.

Zu meiner Schande muss ich gestehen, dass ich selbst nicht weiß, wie er heißt, der Reichspräsident. Es geht mir zu quirlig und zu schnell in Europa zu, der Wechsel von Staatsoberhäuptern und von Regierungsformen, mein alter Kopf sperrt sich dagegen, die Stütze ehedem genossener Schulbildung wurde mir entrissen. Ich weiß weniger als nichts über den

Reichspräsidenten. Aber ich halte ihn für einen einfachen Mann, sonst würde er nicht in Sistrans wohnen und nicht nach Igls zu einer Zusammenkunft von Dorfbürgermeistern kommen. Wenn er mal, in eigenem Interesse, nicht allzu einfach ist! Denn Einfachheit mag für den Einzelnen eine Empfehlung sein, die Masse liebt bei ihren Staatsoberhäuptern noch immer das Gegenteil.

Eingeregnet in Heiligwasser

Vor kaum einer knappen Woche haben wir das Gelöbnis abgelegt: Wir gehen jetzt nicht mehr ohne Regenjacken raus. Es soll uns nicht mehr passieren, dass wir als wandelnde Feudel nach Hause zurückzockeln, es ist nun das letzte Mal gewesen, dass wir diesem verbrecherisch launischen Wetter diesen Triumph gegönnt haben. Es mag dann eine langweilige Schlepperei sein, die steilen Höhen hinauf, wir werden in Himmels Namen ein wenig Schweiß mehr vergießen müssen, Jacken und Capes kommen künftig mit.

Also sprachen wir und zogen nun lustig und luftig in Baumwolle und Musselin den Berg nach Heiligwasser hinauf.

Zwei, drei Tage strahlender Sonne, und wir haben bereits vergessen, wie Regen aussieht, o unverbesserliche, o gesegnete menschliche Natur! Regenjacken … wir haben uns nicht einmal dafür interessiert. Wir haben nur an Gefäße gedacht, um die wilden Erdbeeren und die Waldhimbeeren zu sammeln, von denen die Nichte wusste, dass Tausende direkt hinter dem Wallfahrtsort stehen. Wir waren sehr gespannt, wir hatten sie bisher nur sporadisch entdeckt, die Miniaturerdbeeren, wie Tropfen von erstarrtem Lack, so glänzend und leuchtend im Grün und so parfümiert, dass es beinahe zu heftig ist, dass es synthetischem Limonadesirup ähnelt. Himbeeren fanden wir im

Überfluss, sie sind nur etwas kleiner und schmecken eigentlich reiner als Gartenhimbeeren. Aber Tausende beieinander haben wir nie gesehen. Dieses Schlaraffenland erwartet uns heute, dürfen wir der Nichte glauben, zum Lohn für unsere Plackerei.

Denn bergauf geht es mühsam, langsam und strapaziös. Die Damen schweigen. Meinen Sie nicht, dass ihre Konversation erschöpft wäre, mitnichten, nur ihr Atem reicht nicht aus. Nachher, beim Sauerrahm im Gasthaus, wenn wir unser Ziel erreicht haben, wird uns die Nichte weiter erklären, wie es kommt, dass sie nicht mit dem großen P. – auch der hierzulande ein berühmter Wiener Komödiendarsteller – verheiratet ist, wiewohl alles danach aussah, dass sie sich schon mit ihm verheiraten würde. Für den Augenblick muss sie Kräfte und Atem auf die Kletterpartie konzentrieren. Die Jungen und die kecke kleine – aber etwas altkluge und frühreife – Licia schweigen niemals, aber sie sind ein gutes Stück voraus. Mitnichten würde ich, in einer Variante der pessimistischen Äußerung des Mannes, der immer mehr den Hund liebte, je mehr er die Menschen besser kennenlernte, behaupten, dass ich Kühen den Vorzug vor Damen gebe. Aber manchmal höre ich doch lieber Kühe als Damen. Ich meine das grüblerisch leise, das traumsüße Läuten der Glocken um ihren Hals, die friedliche Waldmusik, die überall zwischen den Bäumen umgeht, wo die Tiere selbst unsichtbar sind, träge im Tempo wie ihr träges Grasen, manchmal in der Nähe, manchmal sehr fern, je nachdem, wie die Herde sich zerstreute. Sehr früh bereits am Morgen treiben die Leute gegenüber von unserem Hotel das Vieh aus dem Stall und die Berge hinauf und ich weiß sicher: Mehr als einmal muss sich ihre Glockenmusik in meine Träume gemengt und mich aus wirren Schrecken zum »Ruheplatz am frischen Wasser« geführt haben.

Sollte ich dann zögern, mich der Versuchung hinzugeben, wo ich doch sicher weiß, dass die Erklärung, warum die Nichte nicht den großen P. geheiratet hat, mir keinesfalls entgehen sollte?

Wir steigen auf, wir keuchen …

Müde, müde, ermüdete Arbeitstiere, wir nähern uns unserem Ziel.

Unser Ziel! Erzählen Sie mir von unserem Ziel. So schnell änderte keine Menge jemals ihr Idol, kein Charakterschauspieler die Rolle, kein Kinoheld sein Auto, wie wir unser Ziel geändert haben.

Vor fünf Minuten ging es um Erdbeeren und Himbeeren, jetzt geht es nur darum, das nackte Leben zu retten, ehe uns der Hagel den Schädel perforiert, ehe uns der Blitz entzweischlägt, ehe uns der Sturmwind von der Erde fegt. Geblendet, betäubt, benommen haben wir rennend – was bemerken wir noch von Steilhang und Anstieg – das letzte Stück Weg zurückgelegt. Dem Himmel sei Dank, wir konnten lebend das Paradies erreichen. Ein Paradies voller Pfeifenrauch und Knoblauchgeruch und Dunst von Menschen, aber wo wir sicher sind, wo das Dach auf angenehme Weise den Dienst unserer Köpfe übernimmt.

Wäre das alles gewesen – der Mensch ist vergesslich, der Mensch ist undankbar –, niemals hätte dieser Nachmittag sich so tief in mein Gedächtnis gegraben. Aber oh, das grandiose, göttliche Schauspiel draußen vor den bebenden Fenstern …

Tief zu unseren Füßen das Tal, mit wildem, jagendem Nebel gefüllt … rundum die Berge, unerschütterlich vom Unwetter gebeutelt, mit Böen geschlagen, von Hagel gepeitscht, gegeißelt vom Sturm … und die beunruhigten Wälder, sich gegen die Gewalt wehrend. Darüber, dazwischen, überall im milchigen Nebelweiß der energische, zuckende Blitz, durch die berstenden Schläge eingeholt, wie ausgelöscht, der Himmel bisweilen eine weiße Feuerglut, in der mit überirdischem Schimmer die Gletscher glänzen. Mattsilbern übernebelt gleicht der ferne Inn einem Styx …

Dann auf einmal hört es auf, der Sturm zieht ab, die Nebel verdichten sich zu grauen Wolken, die Inn und Gletscher dem Blick entziehen, ein schwerer, trüber Regen stürzt herab mit monotonem Windgeheul.

Und das hat Stunden um Stunden gedauert; bis zum Abend hin, bis wir uns die Frage stellen mussten, ob wir vor Einbruch der Nacht noch nach Hause würden kommen können …

Plötzlich ist da Stille, der Horizont weitet sich, es ist noch hell. Fünf Minuten später, und das flüssige Gold ist bis an den Rand des dunklen Wolkenhorizontes gewachsen. Noch ein wenig … und es wogt in milden goldenen Fluten darüber hinweg.

Singend steigen wir den Berg wieder hinab, in einem der herrlichsten Abendglühen, die ich, dort oder anderenorts, je erlebt habe.

Jausen im Grünwalderhof

Der Mensch, der auf Reisen geht, kann sich auf vielerlei Art isolieren. Er kann seine Adresse verschweigen und seine Tageszeitung preisgeben, er kann seine Sprösslinge in einer Kinderpension verwahren, seinen Hund kann er in Pflege geben, seine Katze verpfänden, aber seine Steckenpferde kann er nicht zu Hause lassen, die ziehen mit ihm mit.

Unter meinen gibt es da eines, welches mir einige Zusammenstöße mit Freunden und Verwandtschaft einbrachte. Ich pflege nämlich damit gegen ihr sogenanntes »Sprachgefühl« zu verstoßen. Sie sagen: »Ich höre, ich fühle bei einem Wort, was es bedeutet.« Ich antworte: »Das denkst du bloß!«

Ich habe einen Freund, er gehört zu jenen Überzeugten, die auch bei einem Beweis keinen Frieden geben. Das sind die Echten.

Neulich frug ich: »Was denkst du eigentlich, was ›Bubur‹ bedeutet?« Das ist Malaiisch, und ich sprach es mit trübsinniger, trauriger Stimme aus. Er »fühlte«: einen Berggeist, ein Seebeben, einen Wirbelsturm.

Mein Freund, Bubur ist Brei. Und ich habe volles Recht, mit trübsinniger, trauriger Stimme zu sprechen, denn ich mag Brei nicht. Etwas später: »Was bedeutet ›Pontianak‹?« Das ist eine Stadt auf Borneo, aber was bedeutet das Wort? Mein Freund zog sein Sprachgefühl zurate und sagte: »Es muss etwas sein mit einer Brücke über einen Fluss.« Der Brave war voll guten Glaubens, er merkte nicht einmal, dass sein Unterbewusstsein sich das französische »pont« geschnappt hatte, er »fühlte« bei »Pontianak« den Ausdruck von Brücke und breitem Fluss! »Pontianak« dagegen bedeutet: Gespenst.

Jetzt lauere ich auf meinen sprachsensiblen Freund wie eine Spinne im Netz. Lass ihn kommen! Noch bevor seine Jacke am Haken hing, habe ich ihn gefragt:

»Sag mir, Freund, was ›jausen‹ bedeutet.«

In Igls sah ich das Wort zum ersten Mal an einem Gasthof stehen: Jausenstation. Später überall. Ich dachte, es würde so etwas wie »ausgelassen feiern« bedeuten, es mutete mir, ehrlich gesagt, fast wie »Krach machen« oder »Spaß machen« an, so hingegeben-locker-sorglos. Denn wir sind alle mit einem sogenannten »Sprachgefühl« behaftet. Der Unterschied besteht allein darin, dass mein Freund es zu hätscheln pflegt und ich ihm zu misstrauen pflege. So ist es übrigens mit allem.

Man muss die Menschen nicht in solche mit und solche ohne Vorurteile unterteilen – diese letzteren gibt es nicht –, sondern in jene, die ihre Vorurteile pflegen, und in jene, die ihnen misstrauen.

Dann, an einem schönen, sonnigen Nachmittag, frug uns eine neu gemachte Bekanntschaft, ob wir Lust hätten, zum Jausen in den Grünwalderhof mitzugehen. Und ob! Man hatte uns Wunder was über den Grünwalderhof erzählt und wir sollten jetzt endlich zu wissen bekommen, was das berühmte Jausen denn wohl sein mochte.

Wir gingen los, wir erreichten den Grünwalderhof, wir entschieden uns für ein Tischlein auf dem weichen Gras im Schatten unter den riesigen Bäumen mit den zwergenhaften Kirschen, wir ließen uns Kaffee und Kipfel bringen, wir schauten über das sonnige Tal auf den blitzenden Stubaigletscher, fern am Horizont. Der Grünwalderhof ist für diese Gletscheraussicht berühmt. Auch für seine Schlagsahne und seine heißen Himbeerkrapfen. Es war einstweilen überaus gemütlich und wir harrten zufrieden der Dinge, die da kommen sollten.

Denn das war natürlich erst nur die Vorfreude, das eigentliche Jausen sollte alsbald beginnen. Ich schaute schon einmal auf den Weg hinaus und wenn ich einen Wagen anhalten hörte, dann dachte ich: Nun soll es für uns losgehen. Jetzt kommen die Jodler und die Musikanten und die Leute, die sich beim Tanzen auf die Schuhsohlen und die ledernen Hosenbeine schlagen, dabei allerhand Ausrufe von sich gebend, jetzt würde das Jausen recht schnell seinen Anfang nehmen.

Aber es tauchte nichts auf außer immer nur frischer Kaffee und ein neuer Vorrat Kipfel, denn die Bergluft macht hungrig und vor allem die jungen Leute haben fortlaufend Appetit. Bis ich schließlich

Mut fasste und schüchtern unsere Gastgeberin frug, wann sie denke, dass das Jausen beginnen würde.

Was stellte sich heraus? Wir waren schon dabei zu jausen, die ganze Zeit bereits taten wir nichts anderes als jausen, von dem Augenblick an, da wir unseren ersten Schluck Kaffee, unser erstes Stückchen Kuchen zu uns genommen hatten. Denn Jausen, verehrter Leser, ist einfach, was wir »Teetrinken« nennen und was in Wörterbuchsprache »das Zu-sich-Nehmen von leichten Erfrischungen zwischen den Hauptmahlzeiten« heißt. Aber das hat mit Jodeln oder Zauberkunststückchen oder Tanzen ebenso wenig zu tun wie zum Beispiel mit Schlafen.

Dann habe ich mich gefragt – und das ist exakt, was meine Freunde mit Sprachgefühl versäumen! –, wie ich denn auf diese völlig gegenteilige Vorstellung gekommen sein könnte.

Es schien bei näherer Untersuchung einfach so: Jausen hatte ich, unbewusst ausgehend vom Klang, in Verbindung mit »Saus und Braus«, vielleicht gar mit »jauchzen« gebracht, während der Umstand, dass ich es überall auf Wirtshäusern stehen sah, mich, wiederum unwillkürlich, an das »Räumlichkeiten für Hochzeiten und Gesellschaften« hatte denken lassen, was man bei uns oft an Wirtshäusern stehen sieht, somit wieder an Sause und Vergnügen!

Mag nun durch diesen naturgetreuen und lehrreichen Bericht der ein oder andere Sprachfanatiker zum

Vorsatz gebracht worden sein, fortan sein »Sprachgefühl« unter die Vormundschaft seines gesunden Men-
schenverstandes zu stellen, dann wünsche ich ihm zur
Belohnung, dass er einmal im Grünwalderhof jausen
möge, an einem schönen, sommerlichen Tag, wenn
die zwergenhaften Kirschen glänzend in den riesigen
Bäumen hängen, wenn die Kipfel frisch und die Gletscher sichtbar sind.

Unser Kapellmeister

Was es war, habe ich natürlich nicht ergründen können, aber dass etwas am Herzen unseres Kapellmeis-
ters nagt, das ahnte ich schon lange. Denn er ist eigentlich nicht eingebildet und nicht bösartig. Dafür
stand er viel zu gutmütig an diesem sonnigen Morgen
im Garten des Stettnerhofes und lauschte den Iglser
Schützen. Und wie väterlich nahm er dem jungen Gi-
tarristen – doch nur ein Bauernmusikant – sein Instrument aus den Händen, um ihm eine bessere Griff-
weise zu zeigen! Nein, er ist nicht bösartig und nicht
eingebildet, warum dann entbrannte in ihm an diesem
Abend eine solch heftige Wut wegen eines harmlosen
kleinen Missgeschicks? Nun ja, sie rempelten ihn an
und er ist nicht allzu kräftig, dass seine Geige fast unter seinem Kinn hinwegglitt, aber es war bei diesem
»Wiener Abend« im Kurhaus auch ganz schrecklich
voll. Sie wollten sich mit einem Lächeln beim Weiter-
tanzen entschuldigen, aber das Lachen erstarb auf ihren Lippen angesichts dieses grimmigen Mundes, angesichts dieses dunklen Blickes.

Ich beobachtete zufällig das kleine Schauspiel und
das ewig alte, bittere Geheimnis wurde mir in diesem
einen Blick offenbart. Schon wieder einer, der sich
verkannt fühlt, durch das Leben und durch die Menschen zu kurz gekommen. Er fühlte sich als Künstler – man behandelte ihn »nur als Musikanten«, sein

immer wachsames Misstrauen sieht eine harmlose Unachtsamkeit als absichtliche Kränkung an.

Meine Vermutung wurde gefestigt. »Frau Ella« kam soeben vom Sonnenbad nach Hause. Sie hat da nun bereits eine Woche lang täglich neben seiner Frau gelegen und gebraten, sie haben Freundschaft geschlossen – eine Kurortfreundschaft, jenes üppige, aber brüchige Gewächs, das so gut unter der hohen Sonne gedeiht! – und heute nun hat sie geradeheraus gefragt – natürlich nicht ausgefragt, das sollen wir doch, hofft sie, nicht von ihr denken! –, ob ihr Mann tatsächlich an der Wiener Oper verpflichtet ist und einfach nur zur Abwechslung den Sommer über an Kurorten, dieses Jahr Igls, letztes Jahr Gastein, leichte, moderne Tanzmusik spielt. Und dann hat sich herausgestellt – seine Frau hat ihr Herz ausgeschüttet –, was es denn war! Oh, so gerne hätte er an die große Oper kommen wollen, zwölf Jahre lang strebt er schon danach, aber es ist noch nicht geglückt und wird wohl auch niemals glücken. Feinde im Verborgenen verschworen sich gegen ihn, Intrigen wurden gesponnen …

Oh, oh, oh … was kann so ein Mann dann doch so unverfroren lügen! Hoch und heilig hat er es Frau Lona versichert, als er hörte, dass sie auch aus Wien kam und an Kunst Interesse zeigt. Und wozu war so eine Täuschung nötig? Sind wir so kleingeistig, dass wir ihn minder achten, da er nur Leiter des Kurhausensembles ist? Wahrlich nicht! Ich habe Mitleid mit dem nicht mehr jungen Mann, der schon so viele Jahre nach etwas jagt, das ihm wohl niemals vergönnt sein wird. Er ist einer jener, von denen Galsworthy so oft und so treffend spricht – da sie so zahlreich und so rührend sind! –, zu gut und nicht gut genug. Sie können im Mittelmaß keinen Frieden finden und an das Besondere können sie nicht heranreichen, niemals, da in ihrer Zusammensetzung das eine Tröpfchen aus dem kostbaren Fläschchen vergessen wurde … Er würde vielleicht lieber an der Oper Hunger leiden, als mit seinem Musikensemble gutes Geld zu verdienen. Zu gut und nicht gut genug! Sie taumeln fortwährend zwischen Extremen, zwischen Selbstvergötterung und Selbstverteufelung, sie werden gegenüber andern misstrauisch und reizbar …

Zu gut und nicht gut genug! Es liegt auch in seinem Spiel. Er spielt seine »Scherze« zu gut, er will etwas Schönes, etwas Musikalisches daraus machen und spielt sie daher, als »Scherze«, nicht gut genug!

Vor ein paar Tagen war es draußen dunkel und regnerisch, somit im Kurhaus fröhlich und voll. Die Dekorationen vom letzten »Wiener Abend« hingen noch. Plötzlich klopfte er mit dem Taktstock ans Notenpult, wartete eben auf Ruhe, die sich jedoch nicht einstellte, und kündigte dann an, seine Stimme über den Lärm erhebend, dass er »auf Wunsch« den ersten Teil von Mendelssohns Violinkonzert spielen würde. Es wurde gelächelt, fade im Voraus applaudiert, aber die Stille blieb aus. Die Leute kommen nun einmal nicht zu einem Tanztee ins Kurhaus, um klassische Musik zu hören. Im Winter in Wien wären sie still gewesen. Er spielte in einer Atmosphäre von kaum beherrschter Schwatzsucht, von mühsam unterdrücktem Flirten wie ein Stoiker auf das Ende zu. Im übertriebenen Applaus äußerte sich die allgemeine Erleichterung. Es war, ehrlich gesagt, nicht wirklich schön, und doch erklang so eine Wärme darin, so eine schmachtende Liebe für die bessere, die »echte« Musik.

Heute sind wir wieder ins Kurhaus gekommen. Die Tage werden kürzer, die Abende kälter, es ist um Neumond. Und der Eiskaffee schmeckt dort besonders gut und es gibt fortwährend neue Käuze zu beobachten, neben den alten, um die wir allerhand alberne Fantasien gesponnen haben.

Es ist noch früh, die meisten Tische unbesetzt, aber durch die aufschwingenden Türen strömt man fortwährend hinein. Der Kapellmeister hat soeben seine Geige gestimmt, als er Bekannte kommen sieht, er winkt sie lachend zu einem Tisch in seiner Nähe und geht, mit galantem Wiener Handkuss, die Damen begrüßen. Wir sitzen halb rücklings dazu und schauen nach den hereinkommenden Menschen und dösen gemütlich im geselligen Lärm.

Aber was ist das plötzlich? Wer spielt da dicht bei uns, ganz leise, wie auf einer Taschengeige, so miniaturhaft, was man hier am allerwenigsten zu hören erwartet, den Einsatz von Beethovens Fünfter? Diskret über meine Schulter schauend, sehe ich den Kapell-meister stehen, zu einer der Damen hin gebeugt, sein Instrument direkt an ihrem Ohr, als flüsterte er ihr es ein, das geliebte Schicksalsmotiv. Und alle sechs um den kleinen Tisch herum, die drei Herren, die drei Da-men, lachen geschmeichelt wegen dieses kleinen mu-sikalischen Geheimnisses zwischen ihrem Freund, dem Kapellmeister, und ihnen selbst, wobei das üb-rige Publikum außen vor bleibt. Und er steht da, auch lachend, aber mit einem kindlich verherrlichten Aus-druck in den Augen und um den Mund, dass es an-rührend anzuschauen ist …

Föhn

In einem verschlossenen, halbdunklen Zimmer aus dem Fenster gelehnt nach Bergen und Wolken zu schauen, über Häuser und Bäume hin die weite Landschaft zu betrachten, darin liegt ein besonderer Reiz. Bei schönem Wetter schärft es immer aufs Neue das Verlangen, das in der Fülle des Genusses doch so leicht abstumpft, bei schlechtem Wetter wiederum gibt es ein warmes Gefühl von sicherer Geborgenheit. In Innsbruck sind die Doppelfenster zum ungestörten Herausschauen gestaltet, auf der breiten steinernen Fensterbank zwischen Innen- und Außenflügel liegen kleine, flache Kissen, mit Farn oder Pferdehaar locker gefüllt, um die gebeugten Arme darauf zu stützen. Dort traf mein erster Blick am Morgen und mein letzter Blick am Abend – wenn ich wenigstens nicht mitten in der Nacht aus dem Fenster starrte – meine Freundin »Frau Hitt«, hier in Igls schaue ich auf den Patscherkofel hinaus.

Frau Hitt ist der entstellte Name einer seltsam geformten Bergspitze, in der man mit gutem Willen – der bekannte »gute Wille«, der Felsen in Löwen und Felsspalten in Krokodile verwandelt und den man vor allem nicht zu Hause lassen sollte, so man den Wald von Fontainebleau wie gefordert genießen will! – einen gefiederten Frauenhut erkennen kann. Sie ist die Wetterprophetin für die Bewohner der Nordkette –

so wie Heiligwasser die Sonnenuhr für die an der südlichen Seite ist. Mag es noch so dunkel sein und noch so bedrohlich, mögen Bergrücken und Gipfel rundum einer nach dem anderen von den Wolken verschluckt werden, solange Frau Hitt ihre Federn zeigt, so lange bleibt es trocken.

Mehr als einmal habe ich hinter den Wolken die starren steinernen Federn erkannt – Frau Hitt tat ihr Bestes und es regnete nicht. Einmal sah ich sie durch einen Regenbogen hindurch, und das ist beim ersten Mal sehr überraschend: der immense, strahlende Siebenfarbige nicht gegen den Himmel, sondern gegen die Berge; vor den Bergen von der einen Blickseite hinauf, von der anderen hinab; die Jungen standen stumm da und besprachen einen Augenblick später, dass es nichts Besonderes war. Sie war auch ein paar Mal von Schnee bedeckt, Frau Hitt, denn es ist diesen Sommer so kalt in Tirol, dass es auf den Bergen schneit, wenn es im Tal regnet. Einen Abend war es mir, als ob es sogar unten fror; hinter den verschneiten Bergrücken ging der Mond auf und schien durch die dünne, eisige Luft. Frau Hitt hatte ihre blitzenden weißen Federn genau an die silberne Scheibe geschmiegt. Ich schaute mir das aus meinem weit geöffneten Fenster an, weit und hoch über der schlafenden Stadt …

Hier ist der Patscherkofel mein Wetterprophet, der Wendepunkt meiner nächtlichen Grübeleien. Der

Patscherkofel macht Ruhm und Stolz der Iglser Touristen aus – wer ihn besteigt, erweist sich als Kerl, wer ihn auslässt, als Nichtsnutz. Wir haben uns zu den Nichtsnutzen gesellt, es ist immerhin überall in diesem Land gleich schön und wir mussten mit schmerzlicher Überraschung bei uns selbst feststellen, wie vollkommen bar alpinistischer Ambitionen wir sind. Das Schutzhaus, hoch am Gipfel, betrachten wir täglich aus der Ferne. Männliche und weibliche Kerle, zurück vom Ausflug, berichten einstimmig, dass die Milch auf den Almen nach Tau und nach Blumen schmecke, aber das Beefsteak im Schutzhaus sei zäh. Wir brauchen daher nicht einmal für ein saftiges Beefsteak hinzugehen, an dem es hier in der Tat allzu sehr mangelt. Nachts, wenn der Mond scheint und ich nicht schlafen kann, stehe ich da und schaue über das stille Dorf hin zum Patscherkofel – der angsteinflößende dunkle Klumpen bedeckt ein ganzes Stück des silberhellen Himmels. Hoch beim Gipfel lässt sich vage das Schutzhaus ausmachen, ein kleines, einsames, zusammengekauertes Tierchen, schlafend auf den kahlen Felsen oberhalb der höchsten Wälder. Früh am Morgen schaut es manchmal durch eine Lücke in den Wolken wie durch ein Fenster auf die Welt herab. Der Berg selbst steht wie in grauweiße Watte gewickelt, man könnte sich in der Ebene wähnen, aber dieser eine dunkle Fleck dort hoch am Himmel, das ist das Schutzhaus auf dem Patscherkofel.

Heute haben die Wolken vom Morgen an dort herum Kuckuck gespielt. Hervor, daran vorbei, hinaus, herein. Es war ein so seltsames, unruhiges Wetter, brütend warm nach den launischen Tagen. Warm und doch zugleich wieder kalt. Denn wer seinen Mantel anzog, dem wurde es drückend warm, aber wer ihn auszog, den fröstelte es rasch.

Sehr früh ist es dunkel geworden, eine seltsame Stille setzte mit dem Abend ein … und wir fragten uns: Kann es sein, dass irgendwo ein Unwetter droht? Das Zimmer ist so dunkel, dass wir vor dem Abendessen unsere Hände bei Lampenlicht waschen müssen. Wir gehen zum Fenster. Die Kühe wurden früher als sonst nach Hause geholt, gestern um diese Zeit waren sie noch lustig dabei, sich rund um die Wasserpumpe zu balgen. Das ist ihr letztes Vergnügen an jedem Tag. Sie springen und tollen, sie boxen und stoßen einander mit den Hörnern – Leute und Kinder lavieren sich lachend zwischen den plumpen, ausgelassenen Tieren hindurch –, ehe sie sich gehorsam und brav für die Nacht in den dunklen Stall treiben lassen. Jetzt ist der dunkle Stall neben der Schuhmacherei gegenüber unserem Gasthof bereits verschlossen … Stille droht in der Dämmerung … was kann da noch bevorstehen?

Plötzlich … ein hohes und dünnes Pfeifen … so gellend schrill, als ob irgendwo weit in den Bergen eine Riesenmücke herumschwirrte … das muss der Wind sein, aber er hält sich noch verborgen, er rührt kein Blatt, alles bleibt bedrohlich, tödlich still. Bis auf einmal das Pfeifen anschwellend näher dringt und unsere in ängstlicher Anspannung ins Dunkle gewandten Gesichter einen warmen Atem fühlen, den warmen, trockenen Atem des Föhns. Das also ist das Ergebnis des ungewissen Wetters der letzten Tage: der Föhn. Unbegreiflich beklemmend schwillt aus den düsteren Weiten sein hohes und schrilles Pfeifen, sein heißer, trockener Atem, der aus allen Himmelsrichtungen heranzuwehen scheint – unbeschreiblich beklemmend und zugleich geheimnisvoll anziehend, unwiderstehlich –, sodass wir nicht zufrieden sind, ehe wir ihn, die Treppen hinabgesaust, draußen in der verlassenen Dunkelheit rund um uns fühlen, sein schrilles, hohes Pfeifen über uns hin hören gehen.

Jeunesse dorée

Was herrscht heute Abend für eine frische, freudige Stimmung in der Stadt, unter dem sanften, freundlich gesinnten Sternenhimmel! Viel voller als an anderen Abenden ist es auf der Terrasse des Hofgartencafés. Viel lauter als sonst schallt uns die Musik wie aus einem See aus Licht entgegen, und kein Wunder! Die Musikanten sind mit ihren ganzen Siebensachen nach draußen umgezogen. Die Tradition will es, dass sie im Saal spielen und dass die Zuhörer sich in der Kälte auf der Terrasse amüsieren, aber heute Abend ist es so warm, es wird einfach nicht auszuhalten sein.

Wie dunkle Insekten werden stetig mehr Menschen aus dem Dunkel draußen, wo Springbrunnen rauschen und Pappeln flüstern, die Treppenabsätze hinauf- und in den Lichtsee hineingesaugt. Auch wir sind durch das alte, enge Tor wieder einmal hierhin gekommen. Dies ist immerhin das »Karoass«, die große Überraschung an unserem ersten Abend. Wir hatten es uns damals direkt vorgenommen, auch am letzten Tag würden wir in dieser abgeschlossenen Welt von Pappeln und Springbrunnen, von grünen Kuppeln und grauen Mauern verweilen.

Aber dieser letzte Tag ist noch weit, wir sind mitten in den Ferien, wiewohl man das hier nicht sagen sollte. Denn es sind dieses Jahr viel mehr Studenten als sonst in der Stadt geblieben, weil die Hochschule eine Gedenkfeier begeht.

Auch diesen Abend haben sie schon früh am kühlen, offenen Rand der Terrasse die besten Tische besetzt und es sind da ein Lärm und eine Fröhlichkeit, die ganze Welt liefert Stoff zur Ausgelassenheit. Und wie deftig sie essen und wie lebhaft sie trinken!

Einer jedoch, ach, der Arme, ist heute einmal brav und zahm mit seiner Familie aus. Zuweilen, wenn die Festfreude einen Höhepunkt erreicht, schaut er sich verhohlen mit Bedauern zu seinen fidelen Kameraden um und dann fällt er aber wieder über das reichliche und leckere Essen her, um sich zumindest irgendwie schadlos zu halten.

Solch ein Appetit! Schinken und Sardinen, Tomaten und Käse, und dazu die großen braunen, dick geschmierten Scheiben Brot. Davon beißt er einfach aus der Hand ab und gerade hat er seine großen weißen Zähne in die dritte Scheibe geschlagen, weit genug, um ein ganzes Stück davon abzubeißen. Niemand braucht zu fragen, »wo es bleibt«. Solche Schultern, solche Hände! Gerührt sitzt die magere, sanftmütige Mutter da und schaut ihm zu …

Denn das vornehme, betagte Ehepaar, das sind natürlich die Eltern, und die jüngere Frau, die ihm auch lächelnd zusieht, könnte eine jugendliche Tante sein oder vielleicht die Frau des ältesten Bruders, die so bedächtig mit Papa sprechend dasitzt. Aber das schweigende junge Mädchen ist auf keinen Fall seine Schwester. Wie ich, die ich die Menschen nicht im

Entferntesten kenne, das so entschieden zu behaupten wage? Was soll ich nun sagen? Das junge Mädchen ist seine Schwester nicht. Ebenso wenig sind sie verlobt. Aber vermutlich haben beider Familien sie füreinander bestimmt und wenn er zu Ende studiert hat, sollen sie heiraten.

Er findet das ausgezeichnet, er hat noch lange nicht zu Ende studiert. Was sie angeht, verliebt ist sie nicht, aber sie will ihn doch gerne nehmen. Sie ist schlank, sie sitzt aufrecht auf ihrem Stuhl, sie hat ein feines Profil, einen unerschütterlichen Mund, der Blick aus ihren kühlen blauen Augen ist unergründlich. Unmöglich auszumachen, ob sein maßloser Appetit sie verärgert, belustigt, anrührt oder kaltlässt.

Aber wenn ich sie wäre, würde ich ihm doch sagen, dass er nicht so fortwährend mit seinen fettigen Fingern in seinem einen Auge herumreiben solle. Ich verstehe eigentlich nicht, warum seine Mutter das zulässt. Was hat er denn in diesem Auge? Es macht mich neugierig, ich muss eben mal hinschauen … Gütiger Gott, der Lümmel trägt ein Monokel. In diesem wohlgenährten Vollmondgesicht ein Monokel! Mit denselben Fingern, mit denen er seine dicken, fettigen Butterbrote antatscht, trachtet er, das widerspenstige Ding in Schach zu halten. Aber das Monokel denkt nicht im Traum daran, es sträubt sich, es fühlt sich vor diesem Auge und bei dieser Nase nicht zu Hause, wenn es dieses Jahr auch hundertmal Mode bei der

Innsbrucker »Jeunesse dorée« ist, ein Monokel zu tragen. Plumps, da fällt es auf den Tisch, direkt neben die Butter, und siehe … der stolze Besitzer vergisst, es aufzuheben, er scheint auf einmal das ganze Ding vergessen zu haben. Warum? Wozu? Wohin starrt er? So mit offenem Mund, stocksteif und arglos, dass jeder seinem Blick folgen kann …? Auch ich! Und ich sehe, neben dem kleinen Sekretär am Eingang, zwei junge Mädchen. Das eine hat soeben bezahlt und verstaut seine Geldbörse. Es hat eine schelmische Stupsnase und ein lustiges kleines Kinn, sein rotblondes Haar kräuselt sich auf allen Seiten unter einem witzigen Hütchen hervor. Es gibt sich alle Mühe, um nicht loszuprusten, so verdattert, wie er da von seinem Tischlein sitzend zu ihm hinsieht. Ihre Augen begegnen einander und es folgt ein blitzschneller Dialog ohne Worte:

»Wie wagst du es, wo du weißt, dass ich hier mit meinen Eltern und meiner höchst anständigen, zukünftigen Verlobten …?«

»Was bildest du dir ein! Wie lustig! Und ich lasse mir immerhin nichts anmerken …«

»Ja … das stimmt … Du bist eigentlich wirklich ein Schlingel … aber ich finde dich dennoch … oh … du weißt zu gut, wie ich dich finde …« Sie sind bereits weg, die Freundinnen, hin zur anderen Seite der Terrasse. Und er isst wieder weiter und klemmt sich sein

Monokel noch einmal fest vor sein Auge, zutiefst zufrieden, dass niemand, und vor allem »sie« nicht, etwas gemerkt hat.

Dies ist nun – um mit Multatuli zu sprechen – eine Illusion des Menschen. Sie hat alles gesehen, Stupsnäschen, krauses Haar, Toilette, und wiewohl sie ein höchst anständiges Mädchen ist, ist sie sogar dem kleinen Dialog der Augen recht gut gefolgt und hat ihn vollkommen verstanden. Aber sie nimmt ihn, nichtsdestotrotz, ich versichere es Ihnen!

Plötzlich schießt in mir ein Lieblingsspruch des guten alten Doktors aus meiner Jugend hoch: Nichts macht den Menschen glücklicher als die Einbildung! In der Tat … Während das Mädchen mit dem feinen Profil, dem unerschütterlichen Mund und den unergründlichen Augen zweifellos über die beste Weise nachdenkt, ihm diesen kleinen Vorfall heimzuzahlen und ihn für die Zukunft hinreichend abzurichten, sitzt der einfältige Don Juan gemütlich beim Futtern, ohne weiteren Kummer, als dafür zu sorgen, dass sein Monokel nicht in die Butter rollt …

Hungerburg

Vom Grünwalderhof zum Beispiel hatten wir vorher noch nicht gehört – Hungerburg kannten wir schon vom Namen, bevor wir nach Innsbruck reisten. Das kennzeichnet es als Sehenswürdigkeit und touristische Attraktion für den Fremdling. Es ist dann auch schon ein großer Unterschied. Im Grünwalderhof stellen gesellige Bäuerinnen ihre Buttermilch vor ihnen ab, dort wird ihnen von geschniegelten Kellnern ihr Tee gebra… hoppla, da hätte ich mich fast versprochen, ich meine natürlich serviert! Einmal zumindest soll dieses liebliche Modewort in meinen Beschreibungen prangen oder man hält mich für unverbesserlich altmodisch.

Im Grünwalderhof sitzt man an weiß gescheuerten Tischen im Gras unter den Bäumen, in Hungerburg auf knirschendem Kies unter Sonnenschirmen aus rot lackiertem Metall. Den Tiroler Bürger, der mit Frau und Kindern einen Nachmittag aus ist – den Säugling im Wagen mit dabei, die kleinen Jungens herausgeputzt mit Sabberlätzchen und Jägerhüten! –, trifft man in Hungerburg nicht an. Woher sollte der Mann das Geld dafür haben? Zum Grünwalderhof spaziert er ganz gemächlich und es kostet ihn keinen Groschen, für Hungerburg braucht er die wahrlich nicht billige Standseilbahn. Nicht, weil es so weit wäre, sondern weil es sich so steil über der Stadt erhebt. Sie ist nur eine winzige Linie; schwebend zwischen Himmel und Erde wird man erst über den Inn geführt und dann scheint sie weiter beinahe senkrecht nach oben zu laufen, als ob sie an ihren ängstlich straff gespannten Drahtseilen eine lange Leiter entlang hinaufgezogen würde, dass es einem in den Ohren saust. Aber einmal oben … Hier triumphiert der Talbewohner über seinen Kerker, hier findet sein Auge die Freiheit und den Raum, nach dem jedes Menschenauge dürstet. Unbegrenzt ist die Aussicht, unwirklich schön. Die roten Türmchen ragen überall aus dem grünen Tal empor – allein Mutters ziert sich mit seiner hellgrünen Spitze etwas –, der silberne Strom windet sich dort hindurch, die Bahnlinien schneiden es in ungleiche Stücke, Äcker kriechen und krümmen sich die Abhänge empor bis an die untersten Ränder des Waldes und dahinter die Berge wie Mauern, wie Türme, ungeheure Mengen eintönig grauer Stein, der die Macht besitzt, alle Farben des Himmels und der Erde an sich zu ziehen, um sich damit zu schmücken.

Der Doppeldecker aus Paris zeigt sich, aus nebliger Ferne plötzlich zum Vorschein geschossen, vor den Wänden dieser mächtigen Gebirgszüge, je nachdem, wie es das Spiel des Lichtes will, als glänzend weißer oder als düster schwarzer Vogel. Sein mächtiges Dröhnen erfüllt das Tal wie ein Beben, jetzt sinkt er hinab und schweigt und hinterlässt ein Rauschen wie einen Abglanz seines Getöses und liegt im Gras, da öffnet sich seine Flanke, die Püppchen mit ihren

Köfferchen springen zutage und trippeln dem vornehmen Zöllner entgegen, der ihre Pässe zu kontrollieren hat. Wir, vollwertige Menschen, hoch hier in Hungerburg, drängen uns rund um das riesenhafte Fernglas und die Eingeweihten erzählen einander, um wie viel Uhr dann wieder einer nach Wien fliegt und wann der große aus München einfliegen muss.

Wenn ich einmal die rotmetallenen Sonnenschirme und die gleichgültigen Kellner und den Doppeldecker aus Paris vergessen haben sollte, dann werde ich mich noch immer an den kleinen See erinnern, ein kleines Stückchen höher auf dem Berg, wo uns an diesem Nachmittag das Gejohle von unsichtbaren Kindern, wie Vogelgesang durch die Waldgewölbe schallend, hingelockt und hingeleitet hat. Wir suchten noch … da sahen wir ihn plötzlich, abseits vom Pfad, unter uns liegen, das funkelnde grünliche Blau in der Sonne, und ringsherum standen unbeweglich hohe Bäume.

Im Gefunkel, golden und grün und blau, in den Schatten, silbern und schwarz und grau, schwammen die Kinder, deren Gejohle uns wie Vogelgesang in den Waldgewölben gelockt und geleitet hatte, nichts als Kinder schwammen da, voller zarter, nackter Kinderkörperchen, blasser und gebräunter, war der ganze See!

Später hat man uns erzählt, dass dieses kleine Gewässer zu einer Feriensiedlung gehört, an diesem Mittag wussten wir jedoch nichts, verstanden nichts, starrten nur gefesselt hinab in einen funkelnden Zaubersee, worin Kinder schwammen und sich drehten und zappelten und johlten, dass es durch die Waldgewölbe schallte.

Hungerburg schien von der Erde weggefegt und der Doppeldecker aus Paris und das Tal mit den Eisenbahnbrücken und die roten Türmchen und die ganze »kultivierte« Welt voller dreister Gerüchte; hier war der primitive Mensch ausgelassen in der primitiven Natur, einem frohen und ruhigen Arkadien, dessen Glanz in unseren Träumen schimmert, immerfort schimmern wird, über Jahrhunderte von »Kultur« hinweg, wie eine Erinnerung aus unserer Kinderzeit, blass und unverwüstlich …

Aber wenn ich nun doch vielleicht einmal diesen kleinen See voll nackter goldener Kinder zwischen reglosen Bäumen vergessen haben sollte, dann werde ich mich noch immer an den alten Musikanten erinnern, mit seinem großen, bleichen Haupt, seinen langen grauen Haaren, seiner kindlich kleinen Marktgeige. Denn in seinen Augen las ich das Rätsel des menschlichen Lebens, das uns allen gemein und das ewig ist.

Er scheint eine Gestalt aus einer der Scheinwelten von Dostojewski zu sein, Welten voller undurchschaubarer Geheimnisse, unergründlicher Rätsel, sich an das Herz drückend, was vermutlich einen Augenblick das Leben einfach und klar erscheinen lassen mag. Auf einem wackligen, strohgeflochtenen Stuhl, der kaum seinen gewaltigen Körper tragen kann, sitzt er wie hingesunken, in einer alten, ausgebesserten Hose, mit abgetragenen Schuhen, und spielt auf dieser albernen, piepsigen kleinen Geige, von einem munteren Bürger an einem klanglosen Piano begleitet, die abgedroschensten Jahrmarktsmelodien von vor fünfundzwanzig, dreißig Jahren: »Ziegenböckchen, bäh« und »Siene, lass mich los!«.

Ich kann nicht davon ablassen, unaufhörlich nach diesem tragischen, großen, bleichen Haupt zu schauen, mich unaufhörlich zu fragen, woher er wohl gekommen sein mag, längs welcher gewundener Pfade sein Leben führte bis zu einem Ergebnis wie diesem, aus welchen Träumen er erwacht ist, welche Glut in ihm verloschen ist … Aber seine Augen starren leer und dumpf über seine spielenden dicken Hände, über seine meschuggene Marktgeige hin, sein nach innen gekehrter Blick verweilt in dem, was von den alten Träumen noch lebt, unter den grauen, fahlen Haaren, hinter der bleichen, breiten Stirn, während sich rund um ihn herum der Innsbrucker Bürger mit Frau und Kind an Eis und Bier labt und ausgesprochen zufrieden den abgedroschenen Weisen lauscht.

Miniatur

Worin mag denn wohl der Zauber des verkleinert dargestellten Menschenlebens, eines Landschaftsbildes in Miniatur liegen?

Was eigentlich zieht uns so an am Miniaturgarten, an der Pflanzenwelt auf dem dämmerigen Boden eines Aquariums, am Puppenhaus, so wie die Menschen es in früheren Jahrhunderten machten, mit seinen Schränkchen und kleinen Teppichen, seinen Lämpchen und Bildchen, seinen kleinen Herren und kleinen Damen? Selbst verkehrte Größenverhältnisse und mangelhafte Formen lassen den Charme nicht verloren gehen. Kinder zeigen sich vernarrt in kleine Küchen und Geschäfte, sie machen aus ihren Spielen Miniaturen, sie spielen »kleine Schule« und »kleine Familie«, »Pferdchen« und »Versteckchen«. Und wirklich gut erinnere ich mich, wie ich als kleines Mädchen Feldblumen mit kleinen Gräsern zu Blumensträußchen band, die die großen Prunkbouquets darstellen mussten, die ich in ihren Stein- oder Korkkörben in den vornehmen Gärten so bewunderte. Ein stilles Entzücken machte sich meiner Herr, wenn ich tatsächlich in den kranzförmig angeordneten Halmen das glänzende Palmblatt erkannte, im Ehrenpreis Begonien, im Klee Rosen, in Gänseblümchen eine Margerite ... haben wir nicht alle mit unserer Nase auf dem Boden gelegen, uns die Grashalme als Wald vorgestellt, die Ameisen als blutrünstige Waldbewohner?

Und dürfte wohl ein Mensch auf der Welt den Augenblick vergessen haben, als ihm zum ersten Mal ein Stereoskopie-Bild gezeigt wurde?

Nicht von der einfachen Imitation, nicht vom Püppchen oder dem Hündchen auf der Stellage, einzig vom verkleinerten Lebensbildnis, von der menschlichen Existenz und dem menschlichen Fleiß in Miniatur geht der eigenartige Zauber aus. Und er verschwindet nicht mit dem Erwachsenwerden, im Gegenteil, hätte ich fast gesagt!

In diesem Frühjahr habe ich es auf der Ausstellung in Haarlem bei den japanischen Miniaturgärten wieder sehr stark verspürt. In solch einem Miniaturgarten ist der Zwergbaum die Hauptsache, den Rest – Brückchen und Püppchen, kleine Lauben und Pfade – bekommt man sozusagen beim Kauf noch dazu, denn solch ein Baum ist das Produkt von jahrelanger Pflege und endloser Geduld und kostet dann auch gut vierzig, fünfzig Gulden, mit seiner Begleitung in einem gläsernen Überfang. Wie ein Kind nach den Bildern in einem Märchenbuch, so stand ich schauend vor diesen gläsernen Überfängen, mehr als die sonderbaren Orchideen haben sie mich festgehalten.

Niemals, so alt, wie ich bin, kann ich ein Aquarium ansehen, ohne dass in meiner Einbildung die Wasserpflanzen auf dem Boden zu Unterwasserwäldern heranwachsen, die unschuldigen Insekten, die winzigen Fischlein fesseln mich allein, wenn ich sie mir als Miniaturen von großen Monstern denken kann. Führt

mich an meinem Wohnort mein Weg am Holzschuh-
laden vorbei, dann muss ich immer kurz das Werk-
stattmodell anschauen, wo die kleinen, steifen Männchen die kleinen, plumpen Holzschuhe schnitzen.
Was ich in diesen Augenblicken erfahre, ich kann es
nicht analysieren, aber ich weiß sicher, dass ich da
nicht allein für einstehe. Freunde, mit denen ich über
diese meine Vorliebe sprach wie über eine kleine Nar-
retei von mir selbst, schienen sie mehrfach zu teilen!
Würden ansonsten so viel Geduld und so viel Geld
für die alten Puppenhäuser aufgewendet?

Man denke nun an den Zauber der lebenden Miniatur, der vollkommenen Nachbildung eines Landschaftsbildes, das man in seiner Vollständigkeit sicher
nicht oft zu sehen bekommen wird: den Verlauf eines
großen Flusses …

Wir sind eine Weile mit der Bahn durch Hügelland
gefahren und sind jetzt in einer großen Ebene ange-
kommen, nach links und rechts weichen die Hügel, es
ist nun alles leicht abfallendes, üppiges Gras. Aber
sieh, da glänzt ein Bächlein halb verborgen zwischen
dem Grün, es ist nicht breiter als ein Graben, es muss
auf einem von diesen kleinen Gipfeln oder einer der
kleinen Hochebenen entsprungen sein. Plötzlich sehe
ich es als den Oberlauf eines großen Flusses …

Ja, Leser, als Kind habe ich mit dem schnell flie-
ßenden, glitzernden Bach »Flüsschen« gespielt. Das
Hügelland schwoll an und wurde zum Hochgebirge,
das läppische Gipfelchen dehnte sich zum Gletscher

aus. Es folgte erst der Bahnlinie und bog dann einwärts ab und verlor sich im Grün und blieb ein ganzes Ende unsichtbar, bis plötzlich in der Ferne kleine Weiden und Pappeln seinen Verlauf zeigten. Kleine Weiden und Pappeln … jetzt ist die Flusslandschaft bereits erschaffen!

Der Zug rumpelt weiter, mein Spielzeugflüsschen kehrt wieder zurück und das erste Brückchen erscheint, ein flaches Holzbrückchen. Und meine Fantasie legt ein Wegelein an und lässt ein Dörfchen entstehen, ein Dörfchen im Kleinen, wo das Wegelein hinführt, wo Menschlein wohnen, die rudern und angeln in ihrem Fluss und träumen unter den Bäumen längs seiner Ufer.

Und unaufhörlich eilt der Zug durch das grüne, wellige Land, ich stehe im Gang am Fenster und folge dem Lebenslauf meines Flusses. Wieder biegt er ab und geht in der Ferne verloren und kehrt zurück und ist nun plötzlich viel ruhiger und breiter geworden – sehr breit, gekonnt, wer da noch drüberspringt! –, sein Mittellauf hat begonnen. Er wird Schiffe und Flöße tragen können, meine Fantasie will es so, Schiffe und Flöße erscheinen, zwischen denen Himmel und Wolken sich spiegeln. Oh, sieh, eine steinerne Brücke, eine tatsächlich steinerne Brücke mit Pfeilern und Bögen. Meine Fantasie gebietet es, es ist eine Eisenbahnbrücke geworden, es erhebt sich eine Stadt im Hintergrund. Ich sehe Türme, Tore, Silhouetten von alten Häusern, Baumreihen entlang von

Bollwerken … Ist es Frankfurt, ist es Mainz, ist es der Schatten der Erinnerung einer früher angeschauten Stadt?

Plötzlich rumpelt unser Zug in rasender Fahrt über eine wirkliche Eisenbahnbrücke hinweg, nach links und rechts erstreckt sich das breite, lebendige silbrig graue Wasser zwischen begrünten Hügeln, am Horizont liegt eine wirkliche Stadt. Mein Auge, vom alltäglichen Größenverhältnis beim Spiel mit der Fantasie abgekommen, sieht sie als Brücke und Strom und Stadt aus dem Riesenland von Swift. Wo ist der Fluss aus meiner spielenden Fantasie? Der Zug jagt durch eine mächtige Kurve und gönnt mir einen letzten Blick, da verläuft seine dunkle, gekrümmte Spur aus Weiden und Pappeln durch das hellgrüne Land … da fließt er weiter … und weiß nicht, was ihn erwartet … da stößt er plötzlich auf etwas, das mächtiger ist als er … und ergibt sich und sein Leben ist getan …

Und das gehört mit zu meinen schönsten Reiseandenken.

Die vielen Menschen

Unser kleiner Ausflug nach Fulpmes hat doch noch stattgefunden. Im letzten Augenblick, morgen reisen wir ab. Wir hatten einen der letzten Tage dafür bestimmt, wir mussten dann doch wieder in Innsbruck zurück sein, um die Heimreise zu regeln.

Aber die letzten Tage wichen die Wolken nicht vom Himmel, dann sind die Gletscher unsichtbar, und nach Fulpmes geht man wegen der Gletscher. Ehrlich gesagt, viel näher als bis zum nahen Grünwalderhof haben wir uns ihnen doch nicht genähert, aber ist solch eine Bergbahnrundfahrt mit den andauernden Überraschungen einer immer wechselnden Aussicht kein Vergnügen an sich? Dann war auch etwas sehr Anziehendes dabei wegen der Bergkämme und Gipfel, die so lang an unserem Horizont standen, dass wir ihre Silhouetten wie bekannte Gesichter ansahen, sie endlich, vor dem Scheiden, einmal von Nahem anzuschauen. Und ich habe zu meiner Sammlung von Flüssen – andere Menschen sammeln in ihrer Erinnerung die Gipfel, die sie bestiegen haben, die Städte, in denen sie verweilten – den Stubai hinzugefügt, ich habe diesen kalten, beherzten Gletscherstrom mit einem doppelten Kreuz markiert!

Sich in trägen Kurven aufwärtswindend, hat uns das keuchende Bähnlein noch ein paar Hundert Meter über Igls befördert, wir hatten schon Abschied genommen und konnten ihn jetzt aus der Ferne noch einmal begrüßen – der Gartenschank, wo wir unter dicken, dicht belaubten Kastanien die heißen Obstkrapfen genossen nach dem faden Fleisch, schien in den nebeligen Weiten zwischen einem Kranz von Berggipfeln zu schweben –, dann sind wir ein Stückchen längs des Stubai spazieren gegangen und eine ganze Weile standen wir über das Geländer der niedrigen, flachen Holzbrücke gebeugt und starrten in das schäumende Wasser und beobachteten einen struppigen braunen Otter, der einsam von Stein zu Stein, dann wieder in das Wasser, dann wieder aus dem Wasser sprang, es schien so sinnlos und musste doch wohl seinen Sinn haben. Und überall um uns herum war die Luft erfüllt vom fröhlichen Lärm, dem munteren Geklapper der Sägewerke und der kleinen Schmieden, für die die Menschen hier die winzigsten Rinnsale dienstbar machen, und sie in Gang zu halten, ist für den Stubai, so jung und so frisch, die geringste Aufgabe.

Und jetzt kommen wir über die Brücke wieder ins Dorf hinein. Die Sonne ist plötzlich durchgebrochen und überall funkeln hängende Tropfen, perlend feucht, der Fluss hat auf einmal eine andere Farbe. Ein altes Fräulein sitzt strickend auf dem kleinen Balkon aus braunem Holz eines weiß gekalkten Hauses hinter roten Geranien. Sie schaut auf, sie sieht uns auf dem glänzenden Weg unterhalb ihres Hauses laufen, unsere Blicke treffen einander, eine einzige Sekunde und dann wieder weg, endgültig.

Beständig folgt uns das Klappern der kleinen Sägewerke ins Dorf hinein. Wir betreten einen kleinen Laden, um eine dieser zerbrechlichen Holzpuppen zu kaufen, die so leicht wie Holundermark und so fein von solch groben Händen gearbeitet sind.

In dem dunklen Löchlein neben dem Ladentisch, auf dem die Männlein und Weiblein ausgestellt stehen, sitzt eine junge Frau an einer Nähmaschine, sie grüßt, sie schaut uns an, sie beobachtet uns weiterhin … und dann sind wir wieder weg, weg für immer. Draußen an der Pumpe ist ein kleines Mädchen dabei, mit Wasser und einem Fläschchen und einem Schälchen herumzukleckern, so versunken, wie es nur Kinder sein können, wenn sie sich unbeobachtet glauben, sie murmelt kleine Wörter zu sich selbst, sie murmelt, sie summt vor sich hin, in ihr Spiel versunken hält sie ihre Augen niedergeschlagen. Plötzlich schaut sie auf, wie aus der Ferne kommt ihr Blick auf uns zu, durch die Strudel ihrer großen, dunklen Augen, wir gehen weiter und jetzt werden wir dieses Mädchen nie wieder sehen.

Auf einmal überfällt mich die Vorstellung von all diesen Menschen, von überall all diesen Menschen, in den kleinen Dörfern, in den großen Städten, auf den Feldern, in den Häusern … überall Menschen … überall nichts als dieselben Menschen. Und ich denke an die gewaltigen chinesischen Städte, über die Henri Borel schrieb, die dunklen, ummauerten Städte der Ebenen, die er aus dem Zug in der Ferne liegen sah und derer er sich sicher war sie niemals zu betreten, aber die er doch voller Menschen wusste, strotzend von menschlichem Leben, mit ihrer Liebe und ihrem Hass und ihren Begierden. Überall, überall dieselben Menschen, dieselben Begierden, dieselbe Liebe, derselbe Hass, in China, in Fulpmes, dieselben Leben aus Ziehen und Drücken und Zwingen, aus Greifen und Trachten und Sichaneignen, blind, instinktiv, ohne einen Augenblick der Besinnung, von der Geburt bis zum Tod.

Zuweilen, wenn ich durch ein Dorf gehe und irgendwo ein Kind mit nachdenklichen Augen in einer niedrigen, offenen Tür, hinter ihm den Schimmer des Hausinneren, stehen sehe – zwischen Sistrans und Lans stand ein kleiner Junge auf einem Mohnacker, er starrte in die Ferne und ließ seine Hand durch die Kapseln gleiten, dass die trockenen Samen wie Laub im Herbstwind raschelten –, dann frage ich mich in Gedanken: Solltest du es vielleicht sein? Solltest du vielleicht über das Blinde, Instinktive hinweg zum Bewusstsein kommen, das uns manchmal zum Künstler oder zum Denker macht? Immer, wenn ich in den Lebensgeschichten von Künstlern und Denkern den Namen von ihren Geburtsdörfchen lese – Dörfchen wie Fulpmes und Sistrans –, dann stelle ich sie mir als kleine Kinder vor, kleckernd an der Pumpe, spielend mit dem Rest. Aber standen sie manchmal sogar allein, in einer Tür, vor dem Schimmer des Hausinnern oder unter einem Baum oder auf einem Acker, wo

Mohnkapseln im Herbstwind raschelten, dann über-
kam sie ein Vorgefühl ... und sie frugen sich, noch
ohne Worte: Wer bin ich?

Abends im Hotel lese ich ein Buch von Sinclair
Lewis, dem Amerikaner. Ich finde, er ist ein großer
Schriftsteller, ich wage ihn zu den allerersten zu rech-
nen. Wie sie wimmeln, seine Bücher, von den Millionen, in den Dörfern, in den Städten, in den übervol-
len Zentren des Landes, das sich selbst »God's
country« nennt, von überall dieselben Millionen,
überall dieselben blinden Triebe und Instinkte, keu-
chend und lechzend und zupackend, liebend, has-
send, begehrend, von neuen Millionen ins Grab ge-
drängt, die wiederum für nichts als dieselben Triebe
leben. Und der Mann, der es weiß, der es sieht, der
das Gewimmel um sich spürt wie eine Zwangshand-
lung, er zwischen den Millionen so gut wie allein, mit
noch einer Handvoll über den Rest der Welt verstreut,
die wenigen, die Einzigen, die zu Augenblicken still
stehen und fragen: Wer bin ich? Und als Antwort das
Ringen auf sich nehmen. Ich denke an den einsamen
Otter im schäumenden Fluss, wie er von Stein zu
Stein sprang, ins Wasser, aus dem Wasser heraus, all
seine Aufmerksamkeit auf ein Ziel gerichtet, eine
Beute, einen Drang, einen Instinkt, dem er blindlings
nachjagt, von der Stunde seiner Geburt bis zur Stunde
seines Todes, genau wie die Menschen.

Der Himmel hat sich geschlossen, die Wolken ziehen sich zusammen, es ist auf einmal viel kühler geworden, der Abend kann auch nicht fern mehr sein.
Kommt daher vielleicht die plötzliche Veränderung?
Oder bedeutet das nur, dass es Zeit für mich wird,
wieder nach Hause und an die Arbeit zu gehen?

Nach Hause

Es ist vorbei, wir fahren nach Hause. Heute Morgen haben wir zum letzten Mal auf der Terrasse des Hofgartens eine Tasse Kaffee getrunken, es gab keine weiteren Besucher außer uns. Es regnete, die Springbrunnen fingen in ihrem Rauschen das des Regens auf, zwischen den tropfenden hohen Pappeln, zwischen den niedrigen, lang gestreckten grauen Mauern der Palais mit ihren Reihen von Fenstern mit grünen Läden erstreckte sich der breite Rennweg nahezu verlassen. Auf dem nicht überdachten Teil der Terrasse widerspiegelten die nassen eisernen Tische das durch die fallenden Tropfen gestörte Bild eines Hügels voll grauen Nebels und trüben Silberlichts. Quer am Berg, direkt über Hungerburg hin, lagen lange, schmale Wolken wie aufgerollte Decken, aber Frau Hitt ragte darüber hinaus, hinter ihrer steinernen Feder dehnte sich anhaltend ein Stückchen Blau aus. Also wird es heute Abend heller sein, also werden hier heute Abend viele Menschen sitzen, die plätschernde Musik – Potpourris aus »Die Marmorbraut«, »Die Hugenotten«, »Faust«! – wird die plätschernden Springbrunnen übertönen, allein in den Pausen darf sie, zaghaft aus dem Dunkel, die Abendkühle ins Licht begleiten. Heute Abend … aber heute Abend ist das alles Vergangenheit für uns, heute Abend sitzen wir Stunden von hier entfernt, auf der Heimreise, in München!

Wir sind auch noch unter den Arkaden hindurch an der Goethe-Stube entlanggegangen und haben Abschied vom Inn genommen, zwischen seinen nebligen Ufern scheint er ein trübes graugrünes Gewühl von verregneten Wellen zu sein, man merkt kein Weiterfließen, man sieht keine Strömung … aber auf einmal kommt aus dem Dunkel unter einem Brückenbogen ein ungeheurer Baumstumpf zum Vorschein, wer weiß, von wie weit her schon mitgeschleppt … sehe ihn längs des basaltenen Ufers eilen, soeben noch im Anzug, nun schon vorbei, jetzt schon nicht mehr als eine satt glitzernde Spur, die stromabwärts verloren geht … und plötzlich in der Strömung ist die Geschwindigkeit des Wassers spürbar und messbar geworden.

Für unsere letzten Münzen haben wir danach frische Brötchen gekauft und von den saftigen Salzburger Pfirsichen, für unterwegs. Wenn der Zug pünktlich ist, dann sind wir gegen halb sieben in München, der »Karwendel« jedoch ist selten pünktlich. Wir sitzen im Zug und stehen noch am Bahnhof und haben doch das Land bereits verlassen. Wir besitzen ja keinen Heller mehr in der Landeswährung.

Und jetzt fahren wir und plötzlich scheint Frau Hitt dort am Horizont viel weiter weg, sie gehört nicht mehr zu uns, sie ist vergangen, sie ist schon annähernd Erinnerung.

Ich denke an den Tag unserer Ankunft und an die nervöse Gier dieser ersten Augenblicke, als Auge und

Geist wohl von allem zugleich Besitz ergreifen wollten.

Wir sind aus der Stadt hinaus, wir steigen bereits. Ich schließe meine Augen, mein Kopf fühlt sich an wie eine Schachtel voller Bilder, voller Drucke, voller Farbgewimmel, die trage ich mit nach Hause. Und welche von diesen Bildern, von diesen Drucken sollen aus eigenem Antrieb und eigener Kraft den Vorrang vor den anderen einnehmen, wenn ich ruhig bleibe und abwarte? Schau … Fulpmes. Bloß, weil es erst gestern war, bloß wegen dieser Träumereien? Nein, denn ich höre den Lärm seiner Schmieden und das Geklapper seiner Sägewerke. Und nun? Der Achensee, blaugrün zwischen dunklen, steilen Bergen, dort warten wir auf das Boot nach Scholastika, und dieses gutmütige Dickerchen aus Lindau … das sehen wir auch nie wieder. Wie heiß es war an diesem Tag, was tranken wir …? Plötzlich dürstet es mich nach diesem eiskalten Wasser aus den kleinen Quellen im Wald.

Ja, es war eine schöne Reise, eine gelungene Reise. Wo je habe ich es so sorglos genossen? Ich denke an Frankreich, an Belgien, an Deutschland, an was ich mich von Indonesien erinnere; nein, nirgends fühlte ich mich so offen und so zugänglich für die Natur. Nirgends … aber das ist doch nicht wahr … denn irgendwo liegt ein verlorenes Land, wohin keine Macht und keine Kraft mich wieder hinbringen kann, da ich davon nicht durch die Entfernung, sondern durch die Zeit getrennt bin …

Aus der Schulbücherei habe ich, die immer lese-hungrige Sechstklässlerin, eine Anthologie für Ältere ausgeliehen und habe auf gut Glück tatsächlich damit begonnen. Was ich aufschlage, scheint der Bericht über eine Reise durch den Tunnel des Mont Cenis zu sein. Den Namen des Autors – M. A. Perk – nehme ich flüchtig auf, der Mann interessiert mich nicht. Ich lese und träume und folge dem Zug. Er ist jetzt noch in Frankreich, in Modane, langsam steigt er über die schiefergedeckten Dächer hinaus, taucht in den Tun-nel und quält sich schnaufend durch diesen dunklen Schacht hindurch und kommt wieder an den Tag und ist in Italien, in Bardonnecchia. Die Schaffner rufen: »Bardonnecchia! Fünf Minuten Aufenthalt!« Das steht da auch in Italienisch, aber die ausländischen Wörter haben kein Verständnis für mich und ich habe kein Verständnis für sie. Der Zug hält an, in der Sonne, in Italien! Und dann das:

Grüne Tannen und schlanke Birken standen längs des Weges, man hörte den Sturzbach rauschen.

Oh, wie oft habe ich das später zu analysieren ver-sucht …! Ist das schön? Ist das »literarisch«? »Man« hörte den Sturzbach rauschen. Was haben wir dieses »man« verabscheut! Jetzt schreiben wir es übrigens wieder …

Es ist Mittwochnachmittag. Auf der »Burg« hinter dem Rathaus exerzieren die Schützen zu Trommel-schlägen. Am Wasser entlang, vorbei am Marktplatz, über die Kammerschleuse komme ich hinüber, aber ich sehe weder Wasser noch Marktplatz noch Schleuse, ich sehe nur: Bardonnecchia! Grüne Tannen, schlanke Birken, den Sturzbach in der Sonne ...

Ein Abwägen ... In der einen Waagschale das soeben Genossene, Fulpmes mit seiner Gletscherschönheit ... Sistrans mit seinen Weiden ... der Achensee, blau zwischen blauen Bergen ... die dunklen, tiefen Wälder rund um Heiligwasser ... In der anderen Waagschale diesen einen kleinen, bücherhaften Satz aus einem Reisebericht von vor dreißig Jahren ... und schau nun, schau, wie die schwer beladene sich hebt und die kümmerlich versorgte sinkt, aber diese trägt dann auch ein Übergewicht an Gefühlsregungen, an Ergriffenheit, an Glückseligkeit, an allem, was die Seele zu bewegen vermag, an allem, was unvergesslich und unvergänglich und unbezwinglich ist.

Ja sicher, geneigter Leser, ich gebe Ihnen vollkommen recht, ich glaube, dass ich eine wahre Armeleuteseele habe und dass ich solch eine teure, schöne Ferienreise doch eigentlich nicht zu schätzen weiß ...

Carry van Bruggen

Carry van Bruggen wird am 1. Januar 1881 als Carolina Lea de Haan als drittes von sechzehn Kindern in Smilde geboren. Das nächste Kind, der Journalist und Schriftsteller Jacob Israel de Haan, wird am 31. Dezember des Jahres geboren. Die meisten der Kinder versterben früh, der Vater ist ein strenger jüdisch-orthodoxer Chasan. Sie lässt sich in Zaandam zur Lehrerin ausbilden und ist dann ab Oktober 1900 in Amsterdam tätig. In den folgenden Jahren kommt sie durch ihren Bruder Jacob Israel de Haan, der in Amsterdam Rechtswissenschaften studiert, mit vielen Studenten und Künstlern in Kontakt – darunter der Journalist Kees van Bruggen, den sie 1904 heiratet. Gemeinsam übersiedeln sie nach Niederländisch-Indien, Kees van Bruggen hat Carry zuliebe seine Frau verlassen und wird nun Hauptredakteur des »Deli Courant«, für den auch Carry van Bruggen eigene Rubriken schreibt. 1905 wird die Tochter Mop geboren, 1907 kehrt die Familie desillusioniert zurück nach Amsterdam, wo Carry mit dem Erzählband »In de schaduw« debütiert, ein Rückblick auf ihre Kindheit »im Schatten«. 1908 wird der Sohn Kees geboren. Größere Bekanntheit erreicht Carry van Bruggen 1910 mit »De verlatene«, einer beklemmenden Schilderung des jüdischen Milieus. Weitere Anerkennung als Schriftstellerin erfährt sie durch die Veröffentlichung von »Heleen: Een vroege winter«, laut Frans Coen, mit dem sie eine außereheliche Beziehung führt, ihr erstes eigentliches Buch. 1914 trennt sie sich von Kees van Bruggen, sie übersiedelt nach Laaren, wo sie ihren Lebensunterhalt durch Unterrichten und Lesungen bestreitet. 1917 wird sie offiziell geschieden. Während des Krieges arbeitet sie an »Prometheus«, einem eher philosophischen Werk, das 1919 nach Erscheinen jedoch kaum gewürdigt wird. Im folgenden Jahr heiratet sie den deutlich älteren Kunsthistoriker Adriaan Pit und nimmt den Namen Carry Pit-de Haan an, veröffentlicht aber weiterhin als Carry van Bruggen. Es folgt eine produktive Zeit mit mehreren Veröffentlichungen, 1924 wird ihr Bruder Jacob Israel de Haan in Palästina ermordet. Im August 1925 reist sie mit ihrem siebzehnjährigen Sohn Kees nach Tirol, im nicht allzu weit entfernten Bayrischen besuchen ihre Tochter Mop und eine Freundin das Institut Schloss Elmau. Die Eindrücke dieser Reise finden sich in »Tirol«, die Impressionen erscheinen 1926. 1927 erscheint »Eva«, ihr bekanntester, sehr autobiografisch geprägter Roman, der deutlich durch den gewaltsamen Tod ihres Bruders beeinflusst ist. Während einer Lesung 1928 erleidet sie einen Zusammenbruch, es ist der Beginn einer vierjährigen klinischen Depression, die sie von einer Einrichtung in die nächste führt. Am 14. November 1932 nimmt sie eine Überdosis Schlaftabletten. Sie verstirbt am 16. November 1932, ohne ihr Bewusstsein wiedererlangt zu haben.

Vor etwa einhundert Jahren war die touristische Welt in Tirol (in den vorliegenden Reiseimpressionen vor allem Innsbruck und die nähere Umgebung) recht überschaubar. Zwar ist der Alpinismus schon seinen Kinderschuhen entwachsen, aber für den Fremden, der zur Sommerfrische in Innsbruck weilt, kommt selbst eine Besteigung des Patscherkofel einem Abenteuer gleich. Die Patscherkofelbahn von Igls wird erst 1928 eröffnet. Die Touristen bewegen sich vornehmlich im Inntal oder auf der südlich gelegenen Talterrasse, also in Orten wie Igls, Sistrans, Aldrans und Lans, die sich mit der seit 1900 verkehrenden Innsbrucker Mittelgebirgsbahn (die heutige Linie 6 der Straßenbahn) bequem erreichen lassen. Auch die Hungerburg auf einem Hochplateau der Nordkette ist ab 1906 mit der alten Hungerburgbahn, einer Standseilbahn, angeschlossen. 1904 geht die Stubaitalbahn in Betrieb, sie führt jedoch nur bis nach Fulpmes, das gleich am Anfang des Tales liegt. Carry van Bruggens Tiroler Reiseimpressionen sind kein touristischer Reiseführer, der sich damit begnügen würde, die lokalen Sehenswürdigkeiten aufzuzählen. Gewiss werden diese Orte besucht, aber Carry van Bruggen verknüpft ihre Schilderungen mit intensiven persönlichen Noten, einer gehörigen Portion Humor und Selbstironie sowie einem sicheren Gespür für die politische Entwicklung der kommenden Jahre.

Die Reiseimpressionen von Carry van Bruggen liegen erstmals in deutscher Übersetzung vor. Die Rohfassung der Übersetzung entstand im Sommer 2021 während einer Saisonanstellung als Allrounder im 1926 errichteten Meißner Haus, einer Schutzhütte des Deutschen Alpenvereins (Sektion Ebersberg-Grafing) im Viggartal südlich des Patscherkofel.